GRÜNE SÄFTE

Carla Zaplana

GRÜNE SÄFTE

NATÜRLICH, GESUND UND LECKER

EINLEITUNG

Meine Liebe zu grünen Säften ist eine Geschichte voller Leidenschaft und grenzenloser Begeisterung. Vom ersten Schluck an haben sie mich gefesselt. Bis heute erzähle ich immer wieder gern von der durchschlagenden Wirkung, die sie auf mein Leben hatten. In meiner Familie gibt es niemanden, der sie nicht wenigstens probiert hätte, und keiner meiner Patienten geht aus einer Beratung bei mir, ohne von grünen Säften als Allheilmittel für ein gesundes Leben überzeugt worden zu sein.

Ich entdeckte dieses grüne Elixier in einem Moment meines Lebens, in dem alles aus dem Gleichgewicht geraten war: Ich musste mich an ein neues Land gewöhnen, an eine andere Kultur, neue Gewohnheiten, andere Lebensmittel auf dem Teller ... Diese Veränderungen spiegelten sich in meiner körperlichen und seelischen Verfassung wider: Ich nahm zu, bekam im ganzen Gesicht kleine Pickel und, was mir am meisten auffiel, mir fehlte jegliche Energie. Ich war nicht mehr so fröhlich; das Lächeln, das eigentlich charakteristisch für mich ist, war verschwunden.

Mein unerschütterlicher Glaube an die heilende Kraft von Nahrungsmitteln brachte mich dazu, die Ernährungsgewohnheiten meiner neuen Heimat genauer zu untersuchen. Das öffnete mir die Augen vor allem in Sachen Manipulation und Monopolisierung der Lebensmittelindustrie. Also beschloss ich, meine Ernährungsgewohnheiten umzustellen und alternative Philosophien zu dem zu suchen, was ich an der Universität gelernt hatte. So kam es, dass mein Interesse an einer Ernährung geweckt wurde, die auf pflanzlichen Produkten basiert. Ich fing an, die Blogs von Experten für vegane Ernährung zu studieren, z.B. die von Dr. Joel Fuhrman, Dr. Neal Barnard, Dr. Mark Hyman, Kris Carr und Kimberly Snyder. Ich las Bücher zum Thema, von denen ich vor allem eines immer wieder empfehle: *China Study. Die wissenschaftliche Begründung für eine vegane Ernährungsweise* von Dr. T. Colin Campbell, in dem wissenschaftliche Studien über die Auswirkungen einer auf tierischen Produkten basierenden Ernährung auf den menschlichen Körper dargelegt werden; und ich stellte allgemein fest, wie sich nicht nur meine Ernährung veränderte, sondern auch mein Lebensstil.

Tag für Tag wurden meine Beschwerden weniger, was mich ermutigte, meine Ernährung weiter zu verändern. Ich erlangte wieder mein altes Gewicht und die Pickel im Gesicht verschwanden; ich fühlte mich nicht mehr so erschöpft und meine gute Laune kehrte zurück. Aber der Höhepunkt war tatsächlich die Entdeckung der grünen Säfte, die ich erwartungsvoll in meine neue Ernährung einschloss: Wenn die vermehrte Aufnahme von pflanzlichen Produkten schon so viel Positives bewirkt und mir mein wahres Ich zurückgegeben hatte – wie musste es dann erst sein, jeden Morgen einen Molotowcocktail an Gemüse zu sich zu nehmen? Und siehe da: Es gibt nichts Besseres! Die Energie, die Lebensfreude und der morgendliche Optimismus, die mir dieser neue Trank verlieh, waren schier unglaublich. Ich ließ den Kaffee, ohne den ich sonst nie in die Gänge kam, völlig weg; das grüne Elixier gab mir einen solchen Energiekick, dass ich den ganzen Tag über wach und voller Vitalität war. Ich begann, mit verschiedenen Gemüsekombinationen zu experimentieren. Da ich die positiven Effekte sämtlicher Zutaten kannte, entwickelte ich trinkbare Hausmittel für jede Art von Beschwerden: Kopfschmerzen, Verstopfung, Schwindel, Akne, Anti-Aging …; und so kam es, dass meine Freunde anfingen, mich scherzhaft „Fräulein Grünsaft" zu nennen. Und mir gefiel es, so genannt zu werden.

Mit den grünen Säften verschwanden alle meine Beschwerden; meine Energie stieg exponentiell an, meine Kreativität und mein Enthusiasmus blühten auf, als sei der Frühling in mir wieder erwacht. Auf diese außergewöhnliche Bereicherung meiner Ernährung führe ich nicht nur meinen erstaunlichen körperlichen, sondern auch meinen geistigen Aufschwung zurück – und meine emotionale Wandlung. Die grünen Säfte brachten mich dazu, weiterhin auf meine Ernährung zu achten und all das Gift in meinem Leben zu eliminieren. Der Spruch „Der Mensch ist, was er isst" bestätigte sich, und so lade ich heute meinen Teller weiterhin mit rohen Nahrungsmitteln voll und ernähre mich so, dass ich lebenslustig, glücklich und voller Optimismus und Freude für das, was ich tue, bleibe. So kam ich auch zu meiner anderen Leidenschaft, der Rohkost-Ernährung oder Raw Food.

Während ich diese Worte schreibe, fühle ich mich, als würde ich über meine erste Liebe sprechen, als sei ich hoffnungslos verliebt in die grünen Säfte, aber genauso ist es, und ich glaube, so wird es auch bleiben. Deshalb habe ich es gewagt, dieses Buch zu schreiben – mein erstes Buch: um die positive Wirkung der grünen Säfte mit Ihnen zu teilen, damit auch Sie deren positive Eigenschaften kennenlernen und von ihnen profitieren können. Und wer weiß, vielleicht werden die grünen Säfte auch Ihr Leben verändern!

DIE POSITIVE WIRKUNG GRÜNER SÄFTE

Die Aufnahme grüner Säfte in Ihren Ernährungsplan kann Ihre Gesundheit sehr positiv beeinflussen, da grüne Säfte außerordentlich antioxidativ, reinigend und verjüngend wirken.

WAS SIND GRÜNE SÄFTE?

Grüne Säfte sind Säfte, die auf der Basis von Gemüse hergestellt werden, und zwar in erster Linie grünem Blattgemüse (Spinat, Salat, Kresse, Grünkohl, Senfblätter, Rucola, Mangold, Petersilie ...). Durch die Beigabe von Früchten werden sie etwas süßer.

Sie sind Energiebomben, denn ihre Hauptbestandteile sind:

Wasser: Unser Körper besteht zu über 65 Prozent aus Wasser, welches an sämtlichen Körperfunktionen beteiligt ist. Die grünen Säfte versorgen uns mit hochwertiger Flüssigkeit.

Proteine: Grüne Säfte liefern uns große Mengen Aminosäuren, die sehr leicht vom Körper aufgenommen werden können.

Kohlenhydrate: Die Säfte stecken voller Kohlenhydrate (Einfachzucker und Stärke). Kohlenhydrate bilden die Hauptenergiequelle unseres Körpers.

Essenzielle Fettsäuren: Diese finden sich in Gemüsesäften nur in sehr geringen Mengen; sie stammen aus den grünen Blättern.

Mikronährstoffe: Die grünen Säfte sind wahre Vitamin- und Mineralstoffbomben. Sie sind sehr reich an wasserlöslichen Vitaminen wie denen der B-Gruppe (mit Ausnahme von Vitamin B12) und versorgen uns auch mit fettlöslichen Vitaminen wie Vitamin A und K sowie Carotin (der Vorstufe von Vitamin A).

Enzyme: Enzyme sind der Motor sämtlicher chemischer Reaktionen in unserem Körper. Ohne sie könnten wir nicht länger als drei Minuten überleben. Enzyme werden zerstört, wenn Lebensmittel über 45° C erhitzt werden, weshalb grüne Säfte eine nicht zu überschätzende Enzymquelle sind.

Phytochemische Stoffe: Sie geben den Pflanzen ihre Farbe, ihren Geruch und ihre Textur und schützen sie vor ihren Fressfeinden. Auch im menschlichen Körper üben sie mit ihren entzündungs- und krebshemmenden Eigenschaften und durch die Stärkung des Immunsystems quasi diese Schutzfunktion aus.

WELCHE POSITIVEN EFFEKTE HABEN SIE?

In unserem hektischen Alltag schenken wir der inneren Pflege unseres Körpers wenig Beachtung. Stress, Niedergeschlagenheit, Umweltverschmutzung, die Gifte, die uns umgeben … – all diese Faktoren bewirken, dass unser Organismus geschwächt wird, Energie verliert und krankheitsanfällig wird. Um diese schädlichen Einflüsse bekämpfen zu können, muss unser Körper mit Vitaminen, Mineralstoffen, aktiven Enzymen und anderen Substanzen, die unsere Zellen schützen und das Zellgewebe erneuern, versorgt werden. Eine der besten Möglichkeiten, sich eine ordentliche Portion Mikronährstoffe zu verschaffen, bieten eben jene grünen Säfte.

Grüne Säfte sind keine Erfindung des 21. Jahrhunderts und keine vorübergehende Modeerscheinung – sie sind gekommen, um zu bleiben.

Vitamin- und Mineralstoffcocktail
Wie oft haben wir schon gehört, dass „5 am Tag" die empfohlene Menge an Obst und Gemüse ist, um unseren Bedarf an Mikronährstoffen zu decken? Trotzdem schaffen es nur wenige, die notwendige Menge an Gemüse zu sich zu nehmen. Wenn wir einen grünen Saft trinken, bekommen wir sämtliche positiven Wirkungen aller darin enthaltenen Pflanzen in geballter Form. Bleibt noch zu erwähnen, dass grünes Blattgemüse zu den nährstoffreichsten Lebensmitteln auf diesem Planeten gehört; das bedeutet: Mit nur einem grünen Saft am Tag können wir die von der ADA (American Dietics Association) empfohlene Menge an Mikronährstoffen zu uns nehmen.

Entsäuerungseffekt
Das Blut hat einen natürlichen pH-Wert von 7,35 bis 7,45, es ist also leicht basisch, da 7 der neutrale Wert ist. In seinem Buch *Die pH-Formel: Für das Säure-Basen-Gleichgewicht* schreibt Dr. Robert Young: „Der pH-Wert der Körperflüssigkeiten wirkt sich auf jede einzelne Zelle des Körpers aus. Der menschliche Stoffwechsel ist auf ein basisches Milieu angewiesen. Chronische Übersäuerung führt zu einer Schädigung der Gewebe und auf Dauer zur Störung aller Zellaktivitäten und -funktionen, vom Schlagen des Herzens bis zu den Gehirnströmen. Mit anderen Worten: Übersäuerung stört das Leben selbst." Auch andere Studien aus jüngerer Zeit zeigen, dass Krebszellen sich in einem basischen Milieu nicht vermehren können. Das

regelmäßige Trinken von grünen Säften hilft uns also, so ernsthaften degenerativen Erkrankungen wie Alzheimer oder Krebs vorzubeugen.

Gemüse und reifes Obst sind die einzigen natürlichen Lebensmittel, die eine eindeutig basische Wirkung auf den Körper haben; deshalb ist es so wichtig, sie zum festen Bestandteil unserer täglichen Ernährung zu machen.

Reinigende Wirkung

Die abwechslungsreiche Zusammensetzung der Inhaltsstoffe, die uns die grünen Säfte liefern, ist essenziell, um die reinigende Wirkung im Körper zu aktivieren und so auch eine Gewichtsreduktion zu ermöglichen. Da die Säfte außerdem keine Verdauung erfordern, kann der Organismus seine Energie darauf konzentrieren, zu entgiften, Gewebe zu erneuern und ganz allgemein die Gesundheit zu stärken.

Sauerstoffaufnahme des Blutes

Grünes Blattgemüse enthält sehr viel Chlorophyll, jenen Pflanzenfarbstoff, der ihm die grüne Farbe verleiht. Dieser Pflanzenfarbstoff ist in seiner Molekülstruktur beinahe identisch mit dem Hämoglobin – dem Protein, dessen Aufgabe es ist, den Sauerstoff im Blut zu sämtlichen Zellen im Körper zu transportieren. Diese Ähnlichkeit bewirkt, dass das aufgenommene Chlorophyll sich im Körper schnell in Hämoglobin verwandelt und so die Sauerstoffaufnahme des Blutes erhöht. Sauerstoff ist das wichtigste Element, um die Zellen am Leben und funktionstüchtig zu erhalten.

Regulierung der Verdauung

Obwohl sie nicht viele Ballaststoffe enthalten – da wir bei der Zubereitung der Säfte das Fruchtfleisch sowie die Obst- und Gemüseschalen wegwerfen – sind die grünen Säfte gute Verbündete, wenn man zu Verstopfung neigt. Je nach Entsafter enthalten die Säfte mehr oder weniger feste Bestandteile, die in erster Linie Ballaststoffe sind und die Darmtätigkeit verstärkt anregen.

Wenn Sie regelmäßig unter einem Blähbauch oder einem Reizdarm leiden, empfehle ich Ihnen, den Saft vor dem Trinken gründlich durchzuseihen.

Verzögerung der Alterungsprozesse

Grüne Säfte liefern viele Antioxidantien. Deren Hauptaufgabe ist die Bekämpfung Freier Radikale – Moleküle, die die Körperzellen schädigen und den Alterungsprozess beschleunigen. Freie Radikale sind natürliche Überreste der Stoffwechselprozesse im Organismus, können aber auch von äußeren Faktoren herrühren wie Umweltverschmutzung, Tabak, industriell hergestellten oder frittierten Lebensmitteln. Ein gesunder Lebensstil und die vermehrte Aufnahme von Gemüse und grünen Säften spiegelt sich in glänzendem und kräftigem Haar und einer zarteren, besser versorgten, jüngeren Haut.

Einige Fans der grünen Säfte – ich eingeschlossen – bestätigen, dass die Gemüsesäfte ihnen geholfen haben, Falten zu reduzieren und feine Linien im Gesicht verschwinden zu lassen. So braucht es weder Skalpell noch Cremes voller Chemie – grüne Säfte werden Ihre beste Anti-Aging-Waffe werden. Denken Sie stets daran, dass ein Körper, der innerlich schön und gesund ist, sich nach außen in einer strahlenden Haut zeigt.

Energiekick
Stehen Sie jeden Morgen mit dem dringenden Bedürfnis auf, eine schöne Tasse Kaffee zu trinken, um „funktionieren" zu können? Trinken Sie einen grünen Saft und Sie werden sehen, wie Sie schlagartig hellwach sind. Dieses grüne Elixier steckt voller Energie und Lebenskraft. Wie oben schon erwähnt, versorgt es uns mit großen Mengen an Mikronährstoffen wie Vitaminen, Mineralien und vor allem aktiven Enzymen. Da es sich um eine Flüssigkeit handelt, muss der Körper keine Verdauungsprozesse in Gang setzen. Das heißt, sämtliche Nährstoffe des Saftes werden direkt vom Blut aufgenommen und geben Ihnen neue Kraft und einen sofortigen Energiekick, der Sie beindrucken wird.

DIE ZUBEREITUNG GRÜNER SÄFTE

Auf den folgenden Seiten erfahren Sie,
welcher Entsafter der passende ist, wie
die magische Formel für die Herstellung
Ihrer eigenen Säfte lautet und wie
die Qualität Ihrer Säfte verbessert,
Ihr Geldbeutel aber nicht zu sehr
strapaziert wird.

WELCHE GERÄTE BRAUCHT MAN
ZUR HERSTELLUNG EINES SAFTES?

Egal, ob Sie die Welt der grünen Säfte gerade erst für sich entdeckt haben oder sie bereits zum täglichen Ritual gehören: Ab einem bestimmten Punkt brauchen Sie dafür einen leistungsstarken Entsafter.

Deshalb stelle ich Ihnen hier die verschiedenen Entsaftermodelle, die es auf dem Markt gibt, mit ihren Vor- und Nachteilen vor, damit Sie eine gute und für Sie passende Kaufentscheidung treffen können.

Zentrifugenentsafter
Der Zentrifugenentsafter ist das gängigste Modell. Er hat eine zylindrische Öffnung in der Mitte, in die man das Obst und Gemüse einfüllt. Sie mündet in einen Metallkorb, der als Filter dient. Der Boden des Korbes besteht aus einer Reihe kleiner Reibeblättchen, die das Gemüse durch die zentrifugale Bewegung bei großer Geschwindigkeit zerkleinern. Durch die schnelle Rotation des Korbes werden die Gemüsestückchen gegen die Filterwand gedrückt, der Saft wird ausgefiltert und fließt, von den Fasern getrennt, durch eine kleine Öffnung heraus. Der Trester, also die festen Bestandteile, verbleibt im Inneren des Entsafters oder wird durch eine zweite Öffnung in einen separaten Behälter geleitet.

Vorteile:
– Die schnellste Art, Säfte herzustellen. Dieses Gerät entsaftet direkt und ist ideal, wenn man nicht viel Zeit hat.
– Das Obst oder Gemüse muss nicht erst in kleine Stücke geschnitten werden; die Herstellung wird so erleichtert.
– Es ist die kostengünstigste Variante.

Nachteile:
– Der Entsafter ist nicht sehr effizient, weil im Trester sehr viel Saft zurückbleibt. Für dieselbe Menge Saft benötigt man also mehr Gemüse als bei einem Kalt-Press-Entsafter.
– Gerade für grünes Blattgemüse ist dieses Modell im Vergleich zu anderen noch einmal weniger effizient. Ein kleiner Trick schafft hier ein wenig Abhilfe: einfach

die grünen Blätter zu einem komprimierten Ball zusammenrollen, so wird die Ausbeute größer.

- Man kann mit diesem Gerät nur Saft herstellen. Die anderen Modelle besitzen weitere Funktionen (mehr dazu später).

- Das Gerät ist in der Regel sehr laut.

- Es arbeitet mit hoher Geschwindigkeit. Durch die hohe Drehzahl entsteht Hitze, die den Saft erwärmt und ihn zudem verstärkt dem Sauerstoff aussetzt, sodass er oxidiert. Dadurch verliert der Saft beträchtlich an Nährstoffen, Antioxidantien und Enzymen.

Kalt-Press-Entsafter (Cold Press Juicer)
Der Kalt-Press-Entsafter zerkleinert das Obst und Gemüse mittels einer schrauben- oder spiralenförmigen Achse. Das Gemüse wird zerquetscht und gegen die Wände eines Metallfilters gedrückt, wo der Saft herausgepresst und von den Fasern getrennt wird; sowohl der Saft als auch der Trester kommen aus dem Entsafter und werden in zwei verschiedenen Behältern aufgefangen.

Vorteile:
- Die Saftgewinnung geht langsamer vonstatten als beim Zentrifugenentsafter, deshalb erwärmt sich der Saft nicht und ein Großteil der Mikronährstoffe (Vitamine, Mineralstoffe und Enzyme) bleibt erhalten. Außerdem wird nicht so viel Luft in den Saft gewirbelt, sodass er wesentlich weniger stark oxidiert. Der Nährwert des Saftes ist also höher. Aus diesem Aspekt der Saftgewinnung leitet sich die Bezeichnung Cold Press ab.

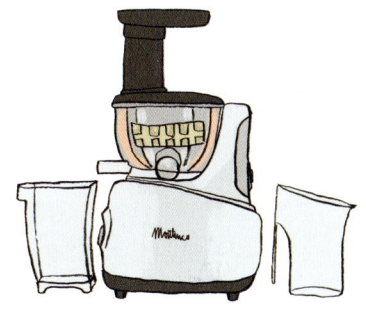

- Das Gerät kann jede Art von Obst oder Gemüse entsaften, einschließlich grünem Blattgemüse und Weizengras.

- Die Saftausbeute ist höher, denn der zurückbleibende Trester ist wesentlich trockener.

- Das Gerät hat weitere Funktionen – es kann z.B. auch Pflanzenmilch und Creme aus Trockenfrüchten herstellen, Gemüse zerkleinern oder sogar Kaffee mahlen.

- Es ist leiser als der Zentrifugenentsafter.

Nachteile:
- Der Preis ist wesentlich höher.

– Das Gerät braucht länger: Es arbeitet mit weniger Umdrehungen, und die Öffnung, durch die man die Zutaten einfüllt, ist in der Regel kleiner, weshalb man das Gemüse in kleinere Stücke schneiden muss.

Abschließende Überlegungen vor dem Kauf eines Entsafters

Am besten ist es, wenn Sie beim Kauf des Entsafters genau wissen, welche Funktionen er haben soll und wie häufig Sie ihn benutzen werden. Wenn Sie momentan nur über ein eingeschränktes Budget verfügen und/oder einfach erst einmal damit anfangen wollen, die grünen Säfte in Ihre Ernährung aufzunehmen, können Sie mit dem Zentrifugenentsafter bei der Zubereitung Zeit und beim Kauf Geld sparen. Wenn Sie aus den Früchten und dem Gemüse mehr Wirkstoffe extrahieren wollen und es der Geldbeutel erlaubt, ist ein Kalt-Press-Entsafter die beste Option. Damit erhalten Sie nicht nur mehr Nährstoffe in jedem Saft, sondern sparen längerfristig auch Geld beim Gemüsekauf, da dieser Entsafter mehr Saft aus jeder Zutat herausholt und das grüne Blattgemüse besser zerkleinert und verarbeitet. Ein weiterer Aspekt, den man bedenken sollte, ist, dass er – wie oben erwähnt – mehr als eine Funktion besitzt.

Hinsichtlich Reinigung und Pflege ist es bei beiden Modellen wichtig, den Entsafter nach Gebrauch zu reinigen, um ihn funktionstüchtig zu halten. Benutzen Sie eine kleine Spülbürste oder einfach eine Zahnbürste, um alle Ecken gut zu säubern. Es ist eine Frage der Übung: Beim ersten Mal wird es länger dauern, aber mit der Zeit werden Sie nur noch fünf Minuten brauchen. Auf jeden Fall empfehle ich Ihnen, den Entsafter immer schon zu reinigen, bevor Sie den Saft trinken. So trocknet der Trester nicht an und setzt sich in den Ecken fest. Außerdem werden Sie weniger Lust zum Putzen haben, wenn der Saft ausgetrunken ist.

WELCHE ZUTATEN BRAUCHT MAN FÜR DIE ZUBEREITUNG GRÜNER SÄFTE?

Nachdem Sie nun die meisten Vorzüge der grünen Säfte kennen und wissen, welches Gerät am ehesten Ihren Bedürfnissen entspricht, müssen Sie sich jetzt nur noch einen schönen Saft mixen und die positive Wirkung am eigenen Leib erfahren.

Doch womit fangen wir an? Was sind die Hauptzutaten für einen grünen Saft? Je mehr Sie in die Welt der grünen Säfte eintauchen, umso mehr werden Sie anfangen, eigene

DIE REZEPTUR FÜR GRÜNE SÄFTE

BASIS
Sellerie, Gurke

GRÜNES BLATTGEMÜSE
Wählen Sie eine oder mehrere der folgenden Zutaten: Salat, Spinat, Kohl, Grünkohl, Löwenzahn

OBST
Wählen Sie eine oder mehrere der folgenden Zutaten: Apfel, Birne, Limette, Zitrone, Grapefruit

ANDERE KÖSTLICHKEITEN
Wählen Sie eine oder mehrere der folgenden Zutaten: Brokkoli, Sprossen, Ingwer, Blütenpollen, Weizengras

Mischungen zusammenzustellen und verschiedene Zutaten auszuprobieren. Für den Anfang hier die Grundregeln für die Zubereitung eines einfachen grünen Saftes:

1. *„Grün, ich liebe dich, Grün!"* (F. García Lorca in *Hypnotische Romanze*): Wählen Sie eine der folgenden Zutaten: Grünkohl, Spinat, Salat oder Mangold.
2. *Flüssigkeit:* Nehmen Sie eine oder zwei der folgenden Zutaten: Staudensellerie, Gurke oder Fenchel.
3. *Süßliche Note:* Wählen Sie eine oder zwei der folgenden Zutaten: Zitrone, Limette, Grapefruit, Apfel oder Birne.
4. *Topping:* optional. Wählen Sie zwei oder drei dieser Zutaten: Ingwer, Brokkoli, Sprossen, Blütenpollen, Weizengras oder Spirulina.

Zubereitung
1. Das Gemüse richtig putzen
Eine meiner Lieblingsmethoden zum Entfernen von Schmutz ist, die Zutaten mithilfe einer Sprühflasche mit einer Mischung aus einem Glas Wasser und zwei Esslöffeln Apfelessig einzusprühen. Diese Mischung lässt man fünf bis zehn Minuten einwirken, bevor man sie unter kaltem Wasser abspült. Wurzelgemüse wie Karotten oder Rote Bete wäscht man mit einer Gemüsebürste. Dadurch lassen sich Schmutz und Wachs entfernen, nicht jedoch die chemischen Pestizide.

Das Gemüse für die Säfte sollte möglichst biologisch angebaut sein, da Biogemüse sich hinsichtlich seiner Qualität und der Menge an Mikronährstoffen beträchtlich von konventionell angebautem Gemüse unterscheidet. Außerdem nehmen wir so keine Pestizide, Herbizide oder sonstigen giftigen Substanzen, die sich nicht abwaschen lassen und für den Organismus schädlich sind, zu uns.

Wenn Sie keine Zutaten aus biologischem Anbau verwenden, empfehle ich, sie zu schälen. Obwohl gerade die Schale einen Großteil der Vitamine und Mineralien enthalten mag, findet sich hier gleichzeitig die größte Menge chemischer Rückstände (Düngemittel, Herbizide, Pestizide …), und diese verschwinden nicht, egal wie gründlich man sie mit Essig einspritzt. Grüne Säfte und Bioprodukte gehören also quasi untrennbar zusammen, obwohl es immer noch besser ist, einen grünen Saft aus konventionell angebauten Zutaten zu trinken, als gar keinen. Der reinigende und entgiftende Effekt der grünen Säfte selbst hilft uns, die schädlichen Einflüsse zu neutralisieren.

2. Die Zutaten zerkleinern
Je nach Größe der Einfüllöffnung des Entsafters müssen die Früchte und das Gemüse in mehr oder weniger kleine Stücke geschnitten werden.

3. Den Entsafter einschalten und die Zutaten hineingeben

Ich empfehle, die faserigen Zutaten mit den weniger faserigen im Wechsel einzufüllen, also z.B. zwei Stangen Sellerie und dann eine halbe Gurke hineinzugeben, damit der Entsafter nicht verstopft und die Zutaten nach unten gedrückt werden. Lassen Sie den Trester danach erneut durch den Entsafter laufen, um mehr Saft zu gewinnen.

Je nach Entsaftermodell dauert dieser Schritt zwischen fünf Sekunden und fünf Minuten.

4. Den Saft durchseihen

Dieser Schritt ist optional. Auch bei einem Entsafter bleiben häufig Reste des Tresters im Saft. Wenn man eine hundertprozentig flüssige Konsistenz möchte, muss man den Saft durch ein Spitzsieb, ein sehr feines Sieb oder ein Käsetuch abseihen.

Trick, um den Saft zu verdünnen: Durch die Zugabe von etwas Wasser oder Kokoswasser.

Zucker im Saft

Sie haben Lust auf einen Möhren-, Apfel-, Orangen- oder Ananassaft? Wer mag schon nein sagen zu so einer supersüßen Leckerei? Etwas gilt es jedoch zu beachten …

Früchte und – in etwas geringerem Maße – Wurzelgemüse wie Rote Bete und Möhren enthalten viel Zucker. Wenn wir aus diesen Zutaten Saft herstellen, werfen wir die Fasern weg; diese helfen uns jedoch, die Zuckeraufnahme im Körper zu verlangsamen. Fehlen sie, wird der Zucker schnell aufgenommen, bewirkt so einen raschen Anstieg des Blutzuckerspiegels und folglich eine heftige Reaktion des Insulins (des Hormons, das den Blutzucker reguliert). Schießt der Insulinspiegel aber regelmäßig in die Höhe, kann das ein Ungleichgewicht im Stoffwechsel hervorrufen und zu Diabetes und Gewichtszunahme führen. Die besten Früchte für die Gemüsesäfte sind demnach diejenigen mit niedrigem Zuckergehalt wie grüne Äpfel, grüne Birnen, Zitronen, Limetten oder Grapefruit. Wie sagte doch Dr. Norman Walker, der Vorreiter in Sachen Gemüsesäfte und gesunde Ernährung, so richtig: „Trink Dein Gemüse und iss Deine Früchte."

Schließlich trinken wir grüne Säfte, um unsere Gesundheit ins Gleichgewicht zu bringen. Deshalb empfehle ich, den Säften immer grünes Blattgemüse beizumischen und, falls man mehrere Obst- oder Gemüsesorten verwendet, den Saft entweder vor dem Sport oder zum Frühstück zu trinken, wenn man noch den ganzen Morgen vor sich hat, um den Zucker zu verbrennen.

Menschen, die an Diabetes oder Kandidose leiden, können die wundervollen grünen Elixiere genießen, solange sie kein Wurzelgemüse oder andere Früchte als Zitrone, Limette oder Grapefruit enthalten.

Abwechslung beim grünen Blattgemüse

Jetzt fragen Sie sich vielleicht: Was ist denn schlecht daran, wenn ich meinem grünen Saft jeden Morgen zwei Handvoll Spinat beimische? Wenn Sie es bisher so gehandhabt haben: kein Grund zur Aufregung, aber trotzdem ist es gut und empfehlenswert, die verwendeten Blattgemüsesorten immer mal wieder abzuwechseln. Meine beiden Hauptgründe hierfür sind:

1. Um den toxischen Effekt ihrer Anti-Nährstoffe zu vermeiden

Alle grünen Blätter enthalten eine Substanz, die sie vor ihren Räubern schützt. So kann beispielsweise die im Spinat enthaltene Oxalsäure bei Personen, die zur Bildung von Nierensteinen neigen, Probleme verursachen. In der Pflanzenfamilie der Kreuzblütler (Grünkohl und andere Kohlsorten, Brokkoli, Rosenkohl …) finden wir Goitrogene, die die Gesundheit der Schilddrüse bei Personen, die darauf sensibel reagieren, beeinflussen können.

Für einen gesunden Menschen ist der häufige Verzehr dieser Gemüsesorten unbedenklich. Es ist kaum wahrscheinlich, dass man einen toxischen Grad erreicht, wenn man eine reine und ausgeglichene Ernährung pflegt. Wenn man gesund ist, sich aber von Rohkost ernährt und somit täglich zwei oder sogar drei Portionen Blattgemüse zu sich nimmt, ist es wichtig, regelmäßig die Gemüsesorten zu variieren.

2. Um verschiedene Nährstoffe aufzunehmen

Einfach ausgedrückt versorgen uns verschiedene Gemüsesorten mit verschiedenen Nährstoffen in unterschiedlicher Konzentration. Beispielsweise enthält Grünkohl mehr Eisen und Calcium als Spinat; Rucola bringt uns mehr Vitamin A und C als Salat.

Es empfiehlt sich also, verschiedene Sorten grünes Blattgemüse zu wählen und diese abzuwechseln (da die Sorten einer Familie dieselben Anti-Nährstoffe und sehr ähnliche Nährwerteigenschaften besitzen). Hier eine kleine Übersicht:

– Brassicaceae/Kreuzblütler: Grünkohl, andere Kohlsorten, Rosenkohl, Pak Choi, Rucola, Brokkoli, Rettichblätter, Senfblätter.

– Asteraceae: alle Salatsorten und Löwenzahn.

– Amaranthaceae: Spinat, Mangold, Rote-Bete-Blätter.

– Apiaceae: Sellerie, Koriander, Petersilie, Möhrengrün.

Wie man beim Einkauf der Zutaten sparen kann

Wenn man täglich grüne Säfte zu sich nimmt, wird sich das auch im Geldbeutel bemerkbar machen, das ist unbestreitbar – aber es ist zweifellos die beste Investition in die eigene Gesundheit, die man sich schenken kann. Bei mir zu Hause heißt es immer: „Die Gesundheit ist unbezahlbar!" Und genau so ist es, denn man stelle sich nur mal vor, was wir ohne unsere Gesundheit machen würden.

Aber wir wollen auch praktisch und realistisch sein, denn wie Sie gebe auch ich nicht gerne mehr Geld als nötig für meine Einkäufe aus, solange es ein paar kleine Tricks gibt, die helfen, Kosten zu reduzieren:

Auf dem Markt einkaufen
Hier gibt es Saisongemüse häufig bis zu 50 Prozent billiger als im Supermarkt. Als Stammkunde eines Verkaufsstandes entwickelt sich unter Umständen ein gutes Verhältnis zu dem Landwirt, sodass man Rabatt oder das eine oder andere Stück Gemüse als Zugabe geschenkt bekommt.

Größere Mengen im Angebot kaufen
Das mag nicht für alle Gemüsesorten eine gute Idee sein, aber immerhin für die, die man am häufigsten nehmen kann wie z. B. Salat, Äpfel, Sellerie … Wenn man sie in größeren Mengen kauft, spart das Kosten und spornt außerdem dazu an, sich täglich einen Saft zuzubereiten. Auf diese Weise werden die Zutaten sicher nicht verderben.

Keine Packungen mit vorgewaschenen und geschnittenen Zutaten kaufen
Diese kosten wesentlich mehr als das Gemüse im Ganzen und sind niemals so frisch. Außerdem enthalten die Verpackungen und Tüten Gase zur Konservierung, um das Produkt länger frisch zu halten.

Saisonale Produkte einkaufen
Grundsätzlich sind diese Produkte günstiger, weil sie zur entsprechenden Jahreszeit vermehrt produziert werden. Äpfel sind in den Wintermonaten günstiger, während Gurken im Sommer weniger als die Hälfte ihres sonstigen Preises kosten. Wechseln Sie das Gemüse je nach Jahreszeit: Verwenden Sie beispielsweise im Winter häufiger Grünkohl und in den Sommermonaten eher Salat.

DIE HÄUFIGSTEN ZUTATEN FÜR GRÜNE SÄFTE

Für grüne Säfte werden immer dieselben Zutaten verwendet, weil sie genau die Wirkung haben, die wir beim Trinken eines Gemüsesaftes erzielen wollen. Alle Zutaten zeichnen sich durch ihre stark basische und hydrierende Wirkung sowie durch ihren hohen Gehalt an Vitaminen und Mineralien aus. Auf den folgenden Seiten werde ich sie im Einzelnen kurz beschreiben.

GRÜNKOHL

EIGENSCHAFTEN

– Der Gehalt an Mineralien ist im Kohl perfekt ausgeglichen, sodass das enthaltene Calcium besser aufgenommen und gebunden werden kann als das aus Milch. Grünkohl wirkt sich daher positiv auf die Gesundheit der Knochen aus und wird bei der Osteoporose-Prävention besonders geschätzt.

– Wegen seiner säureneutralisierenden und entzündungshemmenden Wirkung ist Kohl einer der besten natürlichen Säureregulierer. Roh im Saft getrunken ist er ideal zur Behandlung von Magen- und Zwölffingerdarmgeschwüren sowie bei Entzündungen im Darm.

– Ihm werden krebshemmende Eigenschaften nachgesagt.

– Er hilft, die im Körper angestauten Flüssigkeiten auszuleiten und ist deshalb sehr wirksam bei der Behandlung von Diabetes, Übergewicht, Gicht und Herzerkrankungen, die mit einer vermehrten Einlagerung von Flüssigkeit einhergehen.

– Er gehört zur Familie der Kreuzblütler und beeinflusst folglich die Hormonproduktion der Schilddrüse, weshalb ein übermäßiger Verzehr bei Schilddrüsenüber- oder -unterfunktion nicht empfehlenswert ist.

Der Grünkohl – aus dem süd- und westeuropäischen Wildkohl hervorgegangen – wird in Europa seit Jahrhunderten angebaut; inzwischen ist er auch in den USA sehr beliebt. Zusätzlich zu den Inhaltsstoffen üblicher Kohlsorten enthält er sehr viel Eisen.

INHALTSSTOFFE

– Grünkohl ist reich an Vitamin A und C. Er enthält außerdem Folsäure (Vitamin B9) und Vitamin B3. Kalium und Calcium sind die am stärksten im Kohl vorhandenen Mineralien, gefolgt von Phosphor und Magnesium.

LÖWENZAHN

EIGENSCHAFTEN

– Die jungen und zarten Blätter des Löwenzahns sind sehr nährstoffreich. Sie sind eine sehr nützliche Zutat zur Entgiftung, Reinigung und Stärkung des Blutes und sehr empfehlenswert bei Anämie. Löwenzahn erhöht die Produktion der roten Blutkörperchen, vermindert Harnsäure und reguliert den Blutdruck.

– Er hat einen harntreibenden Effekt, der die Nieren anregt und reinigt, deshalb wird er sehr empfohlen zur Behandlung von Harnwegsinfektionen und Nierensteinen. Während andere Diuretika Kaliumverlust bewirken, senkt Löwenzahn den Kaliumgehalt im Körper nicht.

– Löwenzahnsaft schmeckt bitter, regt den Gallenfluss an und lindert Verstopfungen der Leber. Er hat eine leicht verdauungsfördernde Wirkung und hilft bei Verstopfung. Außerdem wirkt er appetitanregend und lindert Magenbeschwerden.

– Er ist sehr effektiv zur Behandlung von Hautkrankheiten wie Psoriasis, Hautausschlägen oder Ekzemen.

– Löwenzahn wird außerdem empfohlen bei Arthritis, Rheuma und anderen chronischen Gelenkserkrankungen. Er reguliert Menstruationsbeschwerden und fördert die Bildung von Muttermilch.

INHALTSSTOFFE

– Löwenzahn enthält sehr viel Vitamin A, B-Vitamine (vor allem Folsäure), Vitamin C und D. Er ist außerdem besonders reich an Eisen und ein guter Calcium-, Kalium- Zink- und Kupferlieferant.

Als Kind hat jeder schon einmal die Blüten dieser Pflanze weggepustet. Der Name kommt von den gezackten Blättern, die an die dreieckigen und unregelmäßigen Zähne des Löwen erinnern.

27

SPINAT

EIGENSCHAFTEN

- Aufgrund seines hohen Eisengehaltes erhöht sein regelmäßiger Konsum den Hämoglobinge-halt im Blut.

- Spinat schützt die Magenschleimhaut und beugt so Magengeschwüren vor.

- Außerdem schützt er vor Vitamin-A-Mangel, Juckreiz und Trockenheit der Augen sowie Ge-schwüren am Auge.

- Er enthält Antioxidantien, die die Muskeln stär-ken, vor allem die Herzmuskeln; daher schützt er vor Herz-Kreislauf-Erkrankungen, Bluthoch-druck und Arteriosklerose.

INHALTSSTOFFE

- Abgesehen von seinem bemerkenswerten Gehalt an Proteinen ist Spinat eine exzellente natürliche Quelle für Vitamine und Mineralstoffe. Was die Vitamine angeht, so ist er reich an Vitamin A, C, E und K sowie an Vitaminen der B-Gruppe (B6, B2, B1) und Folsäure (Vitamin B9).

- An Mineralstoffen treten besonders hervor: Cal-cium, Eisen, Kalium, Magnesium, Mangan und Phosphor.

Trotz der Kontroverse um den erhöhten Histamin-Gehalt von Spinat zählt er zu den am meisten geschätzten Gemüsesorten in der veganen Ernährung, da er eines der Blattgemüse mit dem höchsten Gehalt an Proteinen und Eisen ist.

SALAT

EIGENSCHAFTEN

– Salat ist bekannt für seine sedierende Wirkung auf den Organismus. Er hilft, die Nerven zu beruhigen und Herzklopfen zu kontrollieren, daher empfiehlt sich dieses Nahrungsmittel sehr bei Schlafstörungen.

– Nimmt man ihn vor den Mahlzeiten – egal ob als Salat oder als Saft – zu sich, stärkt er den Magen und erleichtert die Verdauung.

– Es ist ratsam, bei Niereninsuffizienz Salat zu essen, da seine harntreibende Wirkung die Nierenfunktion anregt. Seine diuretische Wirkung in Verbindung mit dem hohen Ballaststoffgehalt hilft, den Blutzuckergehalt zu senken. Daher ist Salat sehr empfehlenswert für Personen mit Diabetes.

– Salat verbessert den Blutkreislauf, beugt Arteriosklerose vor und senkt den Cholesterinspiegel im Blut.

– Während der Schwangerschaft ist Salat eine gute Folsäurequelle – Folsäure ist für die Entwicklung des Fötus sehr wichtig.

INHALTSSTOFFE

– Im Salat finden sich große Mengen Antioxidantien: Betacarotine, Vitamin C und E. Herausragend ist auch sein Folsäuregehalt (Vitamin B9).

– An Mineralstoffen enthält er vor allem viel Kalium; außerdem liefert er Calcium, Phosphor, Selen und Brom. Letzteres ist bekannt für seine gute Wirkung gegen nervöse Zustände.

....

Bei der Wahl des Salates sollten wir wissen, dass bei einigen Sorten der natürliche bittere Geschmack weggezüchtet wurde; diese enthalten in der Regel viel Wasser, aber wenig Nährwert. Grundsätzlich enthalten die eher bitteren Sorten und diejenigen mit stark gefärbten Blättern am meisten Chlorophyll, Nährstoffe und Antioxidantien.

....

29

MINZE

EIGENSCHAFTEN

– Die Blätter der Minze sind reich an Chlorophyll, das, wie bereits erwähnt, sehr blutreinigend und –regenerierend wirkt. Deshalb wird Minze als Heilpflanze angesehen und ist einer der Stars unter den Zutaten für grüne Säfte.

– Es handelt sich um eine sehr verdauungsfördernde Pflanze, die die Leber und den Gallenfluss anregt und so die Fettverdauung begünstigt. Minze ist außerdem ein gutes Mittel gegen Mundgeruch.

– Da sie blähungstreibend ist, fördert sie außerdem die Ausleitung von angesammelten Gasen aus dem Darm.

– Ihr hoher Mentholgehalt wirkt antikongestiv auf die Atemwege und virushemmend. Außerdem hat Minze eine schleimlösende Wirkung auf die Bronchien und erleichtert so das Abhusten.

– Durch ihre gerinnungshemmenden Eigenschaften verbessert Minze den Blutkreislauf und verflüssigt so das Blut.

Diese Pflanze wird seit jeher als Aphrodisiakum angesehen und wurde schon im klassischen Griechenland verwendet, um das Haus zu beduften. Außerdem nutzte man sie als Badezusatz.

INHALTSSTOFFE

– Minze enthält Vitamin C, Vitamin A und Vitamine der B-Gruppe, vor allem Vitamin B9 bzw. Folsäure.

– An Mineralstoffen liefert sie uns Kalium, Calcium, Magnesium, Phosphor, Zink und Eisen.

ZUTATEN – GRÜNES BLATTGEMÜSE

PETERSILIE

EIGENSCHAFTEN

– Petersilie ist sehr chlorophyllhaltig und wirkt daher sehr stark entgiftend, wobei eines seiner ätherischen Öle bei übermäßigem Verzehr toxisch sein kann. Ihr hoher Vitamin-C-Gehalt stärkt das Immunsystem und erhöht in Verbindung mit dem hohen Gehalt an Flavonoiden die antioxidative Fähigkeit des Blutes.

– Der Zusatz von Petersilie im Saft oder in Gerichten wirkt sehr verdauungsfördernd, da sie den Magen stärkt und durch ihre blähungstreibende Wirkung Gase verringert. Außerdem lindert sie Krämpfe in Magen und Darm.

– Der Verzehr von Petersilie in Verbindung mit anderen eisenreichen Gemüsesorten ist bei Anämie sehr günstig, da ihr Folsäure- und Vitamin-C-Gehalt die Eisenaufnahme verbessert.

– Petersilie ist eine stark harntreibende Pflanze, die die Bildung von Nierensteinen verhindert und Menstruationsbeschwerden lindert. Außerdem ist sie besonders geeignet für die Menopause, da sie die Östrogenproduktion anregt.

INHALTSSTOFFE

– Petersilie ist besonders reich an Vitamin C, Vitamin A, Folsäure (Vitamin B9) und Vitamin K, das an der Blutgerinnung beteiligt ist. Die Stars unter seinen Mineralien sind Kalium, Calcium, Magnesium und Eisen.

Woher kommt wohl die gesunde Angewohnheit, Gerichten ein bisschen Petersilie beizufügen? Wenn Sie von all den gesundheitsfördernden Eigenschaften lesen, werden sie es verstehen und sich gleich Petersilie auf die Fensterbank stellen.

SELLERIE

EIGENSCHAFTEN

– Sellerie ist stark harntreibend und ein großartiger Blutreiniger. Er enthält große Mengen an Mineralstoffen, wodurch er außerdem stark remineralisierend wirkt. Außerdem ist er aufgrund seines hohen Vitamin-C-Gehaltes ein hoch antioxidativ wirkendes Nahrungsmittel.

– Der regelmäßige Verzehr hilft, den Cholesterinspiegel im Blut zu senken, und seine entzündungshemmenden Eigenschaften machen ihn zu einem guten Verbündeten bei der Anti-Krebs-Ernährung. In der Ayurveda-Medizin wird er häufig zur Bekämpfung rheumatischer Erkrankungen genutzt. Außerdem wirkt er sehr stärkend auf den Verdauungsapparat. Sein hoher Ballaststoffgehalt hilft, chronische Verstopfung zu lindern.

INHALTSSTOFFE

– Sellerie besteht zu 95 Prozent aus Wasser, daher ist er sehr zum Abnehmen geeignet. Außerdem ist er reich an Vitaminen und Mineralien, vor allem Vitamin C und Vitamine der B-Gruppe. Sellerie ist eine sehr wichtige Kaliumquelle; er liefert uns aber auch Phosphor, Calcium, Magnesium und Eisen.

Dieses Gemüse erfrischt mit seinem gleichzeitig bitteren und süßen Geschmack. Sein hoher Wassergehalt und seine stark basische Wirkung machen ihn zu einem Star unter den Zutaten.

GURKE

EIGENSCHAFTEN

– Egal, ob man sie isst oder – vor allem die Schale – äußerlich anwendet: Die Gurke reguliert den Säuregehalt der Haut und hilft, ihn wieder ins Gleichgewicht zu bringen.

– Die Säfte, die sie beim Zerkauen freisetzt, heilen und erfrischen entzündetes Zahnfleisch; außerdem verhelfen uns ihre phytochemischen Inhaltsstoffe zu einem frischen Atem.

– Durch ihren hohen Gehalt an Wasser und Phytonährstoffen wirkt sie stark reinigend und hilft, Diabetes zu bekämpfen, den Cholesterinspiegel zu senken und den Blutdruck zu regulieren.

– Der hohe Wasser- und der niedrige Kaloriengehalt machen die Gurke zu einem idealen Nahrungsmittel für alle, die ihr Gewicht reduzieren möchten. Außerdem begünstigt ihr hoher Ballaststoffgehalt die Verdauungsprozesse. Ein täglicher Verzehr hilft, chronischer Verstopfung vorzubeugen.

INHALTSSTOFFE

– Gurke enthält die Vitamine A, B und C, die das Immunsystem unterstützen und Energie liefern. Um die Eigenschaften der Gurke noch effektiver zu machen, kann man sie im Saft mit Spinat und Möhren kombinieren, jedoch ohne sie zu schälen, da die Schale 12 Prozent der Menge an Vitamin C enthält, die wir täglich zu uns nehmen sollten.

– Gurke enthält auch Vitamin K, das bekannt ist für seine entzündungshemmenden und antihämorrhagischen Eigenschaften.

– Die am meisten vorkommenden Mineralstoffe in der Gurke sind: Kalium, Magnesium und Silizium.

....

Zusammen mit Sellerie gehört die Gurke zu den Grundzutaten der grünen Säfte. Beide liefern genau die Flüssigkeit, die die Konsistenz eines guten Saftes ausmacht. Außerdem wird die Gurke als Inhaltsstoff in der Naturkosmetik sehr geschätzt: Schon Kleopatra nutzte sie für ihre Schönheitspflege.

....

ZITRONE

EIGENSCHAFTEN

– Bei Menschen mit Leber- und Gallenbeschwerden regt Zitrone den Gallenfluss an und fördert so den Fettstoffwechsel.

– Da sie toxische Substanzen aus dem Blutplasma löst, hat sie eine sehr positive Auswirkung auf das Herz-Kreislauf-System, vor allem bei Arteriosklerose und Bluthochdruck. Ähnlich wirkt sie bei rheumatischen Erkrankungen wie beispielsweise Gicht, da sie die in den Gelenken auskristallisierten Gifte löst.

– Ihr hoher Vitamin-C-Gehalt macht sie zu einem guten Eisenbinder für die mit ihr kombinierten Lebensmittel. Außerdem verleiht er ihr erfrischende, antiseptische, antibakterielle und antivirale Eigenschaften, die bestimmte Erkrankungen der Atemwege lindern, darunter z.B. Entzündungen der Stimmbänder oder der Mandeln.

– Obwohl ihr Geschmack sehr sauer ist, hat sie im Organismus eine stark basische Wirkung.

INHALTSSTOFFE

– Abgesehen von Vitamin C enthält die Zitrone Vitamine der B-Gruppe und Vitamin E sowie eine Menge Mineralien: Kalium, Magnesium, Calcium, Phosphor, Kupfer, Zink, Eisen und Mangan. Dieser Vitamin- und Mineraliencocktail stärkt auch das Immunsystem.

Obwohl die Zitrone für ihren hohen Vitamin-C-Gehalt bekannt ist, ist das, was sie eigentlich auszeichnet, ihre Fähigkeit, Gifte in unserem Organismus zu neutralisieren und zu eliminieren. Sie wirkt folglich stark basisch, löst Giftstoffe und reinigt wunderbar. Wenn wir regelmäßig auf nüchternem Magen ein Glas lauwarmes Wasser mit dem Saft einer Zitrone trinken, hilft das, Giftstoffe auszuleiten und die Leber zu stärken.

APFEL

EIGENSCHAFTEN

– Durch seinen Kaliumgehalt wirkt der Apfel leicht harntreibend und ist ideal für Menschen mit Wassereinlagerungen und/oder Niereninsuffizienz.

– Reich an Antioxidantien und Flavonoiden schützt er die Zellen vor den Angriffen der freien Radikale. In Verbindung mit seiner Fähigkeit, Gifte unschädlich zu machen, macht ihn das zu einem krebshemmenden Nahrungsmittel. Seine reinigende Wirkung ist auch wertvoll, um Gicht (ein Übermaß an Harnsäure im Blut), rheumatische Erkrankungen und Fettleibigkeit zu bekämpfen.

– Täglich ein paar Bissen eines guten Apfels helfen, Karies vorzubeugen, da Äpfel den Bakteriengehalt im Mund verringern.

– Die Schale enthält nicht lösliche Ballaststoffe, die Verstopfung lindern. Im Gegensatz dazu hilft das geriebene Fruchtfleisch durch seinen Kontakt mit Sauerstoff bei Durchfall.

INHALTSSTOFFE

– Äpfel sind reich an Vitamin C, weshalb sie sehr antioxidativ wirken, sowie an Vitaminen der B-Gruppe. Was ihre Mineralstoffe angeht, so sticht vor allem der Gehalt an Calcium, Phosphor und Kalium hervor. Außerdem sind sie reich an löslichen und unlöslichen Ballaststoffen.

....

Der Apfel, der als verboten angesehen wurde, bis Eva uns den Gefallen tat, hineinzubeißen, ist eine der am besten reinigenden Früchte, die es gibt. Auf Englisch heißt es daher: „An apple a day keeps the doctor away".

....

BIRNE

EIGENSCHAFTEN

- Die Birne ist wegen ihres hohen Wasser- und Ballaststoffgehaltes und ihres geringen Kaloriengehaltes die optimale Frucht zur Gewichtsreduktion. Sie hilft, das Sättigungsgefühl im Magen zu erhalten, reinigt den Organismus und reguliert gleichzeitig die Darmfunktion.

- Sie hat einen niedrigen glykämischen Index. Diese Tatsache, in Verbindung mit dem hohen Kalium-, dem niedrigen Natriumgehalt und dem Gehalt an Pektin (einem wasserlöslichen Ballaststoff) macht sie zu einem guten Begleiter bei Diabetes, einem hohen Cholesterinspiegel, Bluthochdruck und Herz-Kreislauf-Beschwerden allgemein.

- Außerdem ist sie aufgrund ihres hohen Folsäuregehaltes, der für die Entwicklung von Säuglingen sehr wichtig ist, während der Schwangerschaft und Stillzeit sehr empfehlenswert.

- Ihr hoher Gehalt an Gerbstoffen verleiht ihr überdies antibakterielle und entzündungshemmende Eigenschaften, die sehr nützlich sind, um Herpesbläschen zu bekämpfen oder zu lindern.

Aufgrund ihres milden Geschmacks und weil sie selten allergische Reaktionen auslöst, ist die Birne ein ideales erstes Baby-Nahrungsmittel nach dem Abstillen und somit der erste grüne Saft, den Babys zu sich nehmen können.

INHALTSSTOFFE

- Die Birne enthält viele verschiedene Vitamine (A, B1, B2, C und E) und ist außerdem eine Folsäurequelle (Vitamin B9).

- Sie ist auch eine gute Quelle für Mineralstoffe wie Kalium, Phosphor, Calcium, Magnesium, Selen und Eisen; letzteres stärkt die roten Blutkörperchen.

GRAPEFRUIT

EIGENSCHAFTEN

- Die Grapefruit ist ein natürliches, nahrhaftes und kalorienarmes Lebensmittel.

- Ihr Reichtum an Antioxidantien wie Vitamin C macht sie zu einem wirkungsvollen Begleiter in der Krebsprävention, da sie freie Radikale abbaut, die die Zell-DNA angreifen und für den oxidativen Stress verantwortlich sind.

- Sie kann außerdem der Bildung von Nierensteinen vorbeugen oder diese auflösen und das Immunsystem anregen und stärken. Daher wird der Verzehr von Grapefruit als natürliches Vorbeugungsmittel gegen die weit verbreitete Erkältung angesehen und ist ideal als Kur vor der Erkältungszeit.

- Eine im *Journal of Agricultural and Food Chemistry* veröffentlichte Studie, die an 57 Patienten mit einer Bypass-Operation am Herzen durchgeführt wurde, zeigte, dass der Verzehr von Grapefruit in nur einem Monat zu einer signifikanten Senkung des Cholesterinspiegels und der Triglyceride führte.

INHALTSSTOFFE

- Unter den Nährwerten der Grapefruit sticht vor allem der hohe Gehalt an Vitamin C, Folsäure (Vitamin B9), antioxidativen Carotinoiden (Vitamin A), Kalium und Magnesium hervor.

- In sehr viel geringeren Mengen finden sich auch Vitamin B2, Vitamin B1, Eisen, Calcium und Phosphor.

....

Wussten Sie, dass die Grapefruit ein guter Begleiter ist, wenn man abnehmen möchte? Ihre harntreibende Wirkung regt die Ausleitung von Flüssigkeiten an. Außerdem enthält sie viele Enzyme, die helfen, Blutzucker- und Insulinspiegel zu stabilisieren. Dadurch fühlen wir uns energiegeladener und haben zwischen den Mahlzeiten weniger Hunger.

....

WASSERMELONE

EIGENSCHAFTEN

– Die Wassermelone ist fett- und kalorienarm, aber reich an zahlreichen Phytonährstoffen und Antioxidantien, die für eine optimale Gesundheit essenziell sind.

– Ihr hoher Gehalt an Lycopin und anderen Antioxidantien macht sie zu einer Superfrucht, um Entzündungen und freie Radikale zu bekämpfen. Ein Glas Wassermelonensaft täglich kann das Risiko von Erkrankungen wie Arthrose, rheumatoider Arthritis, Asthma und Darmkrebs verringern.

– Wegen ihres hohen Wassergehaltes ist die Wassermelone eine gute Option zur Reinigung von Nieren und Blase. Außerdem reduziert ihr hoher Kaliumgehalt die Harnsäure im Blut und hilft, Giftstoffe aus den Nieren auszuleiten.

– Sie hilft, Ablagerungen in den Arterien zu bekämpfen und hält die Augen gesund.

– Sie beseitigt die Faktoren, die zur Ermüdung der Muskeln führen, und bereitet den Muskel darauf vor, wieder Energie zu produzieren. Das Trinken ihres Saftes nach intensiver körperlicher Aktivität ist eine schnelle und natürliche Form, die Muskelfunktion wiederherzustellen.

Der Anbau von Wassermelonen im Niltal reicht etwa 3500 Jahre zurück, wie Hieroglyphen und Skulpturen aus dem alten Ägypten belegen. Auf dem japanischen Markt findet man heute auch würfel- oder herzförmige Wassermelonen.

INHALTSSTOFFE

– Die Wassermelone besteht zu 90 Prozent aus Wasser. Dennoch ist sie sehr reich an Vitamin A und C. Sie enthält viel Kalium, außerdem liefert sie uns Magnesium, Calcium und Phosphor.

BROKKOLI

EIGENSCHAFTEN

– Brokkoli gehört zu den wichtigsten Nahrungsmitteln der Anti-Krebs-Ernährung. Er hat stark
antioxidative Eigenschaften, die uns helfen, Gifte,
freie Radikale und Harnsäure zu eliminieren und
dadurch das Blut zu reinigen. Sein Vitamin-C-Gehalt stärkt außerdem das Immunsystem.

– Brokkoli gehört zur Familie der Kreuzblütler, daher enthält er Substanzen, die die Schilddrüsenfunktion hemmen. Leidet man unter einem Ungleichgewicht der Schilddrüse, ist es besser, den
Konsum von Brokkoli einzuschränken.

– Er liefert leicht resorbierbares Calcium und Magnesium und schützt dadurch unsere Knochen.

– Wegen seines Folsäuregehaltes, der für die Entwicklung des Fötus nötig ist, ist er während der
Schwangerschaft sehr empfehlenswert.

– Sein Eisengehalt macht ihn außerdem zu einem
wertvollen Nahrungsmittel bei Anämie.

– Überdies hilft er uns, Haut und Haar zu pflegen.

INHALTSSTOFFE

– Brokkoli enthält sehr viel Vitamin C, außerdem
Vitamine der B-Gruppe sowie Vitamin A und E.
An Mineralien sind vor allem Kalium und Cal-
cium hervorzuheben. Außerdem ist er ein guter
Magnesium-, Phosphor- und Eisenlieferant.

*Eines der Hausmittel, die
früher eingesetzt wurden,
um zu verhindern, dass
sich der Geruch von
Brokkoli im ganzen Haus
ausbreitete, war die
Zugabe von einer Scheibe
Brot in den Kochtopf.*

ZWIEBEL

EIGENSCHAFTEN

- Zusammen mit dem Knoblauch ist die Zwiebel eines der besten natürlichen Antibiotika; ihre bakteriziden Komponenten sind das beste natürliche Mittel, um infektiöse Prozesse zu bekämpfen. Sie ist außerdem sehr effektiv bei der Behandlung von Husten.

- Sie hat antithrombotische Eigenschaften, da sie Bluthochdruck verringert und das Blut verflüssigt. Sie hilft dabei, durch Pollen ausgelösten allergischen Reaktionen vorzubeugen.

- Die Zwiebel begünstigt die Verdauung, da sie die Leber, die Galle und die Bauchspeicheldrüse anregt. Außerdem hilft sie, Entzündungen im Darm bei Krankheiten wie Morbus Crohn oder Zöliakie zu verbessern.

- Jüngste Studien bringen den regelmäßigen Verzehr von Zwiebeln mit einer tumorhemmenden Wirkung zur Krebseindämmung in Verbindung.

- Die Zwiebel wirkt außerdem stark harntreibend, daher ist sie sehr empfehlenswert, um Flüssigkeitseinlagerungen, die durch Übergewicht, Rheumatismus, Gicht oder Niereninsuffizienz hervorgerufen werden, zu lindern. Sie hilft auch, Osteoporose vorzubeugen.

INHALTSSTOFFE

- In der Zwiebel finden wir Vitamin C und Vitamine der B-Gruppe. Sie ist reich an Kalium, Schwefel (der Inhaltsstoff, der ihr die antibakterielle Wirkung verleiht), Phosphor, Calcium und Magnesium.

....

Die Zwiebel enthält Schwefel, der beim Schneiden austritt und ein Tränen der Augen verursacht. Stellen Sie sich einfach vor, dass dies Tränen der Freude sind – schließlich werden sie begleitet von unzähligen positiven Wirkungen auf Ihre Gesundheit.

....

SPARGEL

EIGENSCHAFTEN

– Aufgrund seines hohen Gehaltes nicht nur an Antioxidantien im Allgemeinen, sondern auch an Folsäure, Vitamin A und Zink, ist Spargel neben der Roten Bete einer der wirksamsten Jungbrunnen unter den Nahrungsmitteln.

– Er enthält Zellulose, die unverdaulich ist und den Dickdarm anregt, daher lindert er Verstopfung.

– Spargel gehört zu den am stärksten harntreibend wirkenden Gemüsesorten und ist daher sehr geeignet, um den Blutdruck zu senken. Beim Verzehr von Spargel intensiviert sich bekanntermaßen der Uringeruch, aber das ist ein völlig unbedenklicher Effekt.

– Spargel ist ideal, um Müdigkeit und Stresssituationen zu lindern.

– Das im Spargel enthaltene Betacarotin und Vitamin C sind Antioxidantien, die helfen, Krebs, Herzleiden und Augenbeschwerden zu bekämpfen.

INHALTSSTOFFE

– Spargel enthält viel Vitamin A, C und E; wichtig ist außerdem sein Gehalt an Vitaminen der B-Gruppe, vor allem Vitamin B9 (Folsäure) und B2 (Riboflavin).

– Die am meisten vorkommenden Mineralien sind: Kalium, Calcium, Phosphor, Magnesium, Eisen und Zink.

Schon Hippokrates empfahl, Tee von getrocknetem Spargel als harntreibendes Mittel zu trinken. Schon im Mittelalter galt der Spargel als Heilpflanze. Seit Ende des 15. Jahrhunderts wird seine Wirkung in Heilkräuterbüchern beschrieben.

FENCHEL

EIGENSCHAFTEN

– Über die Jahrhunderte wurde Fenchel aufgrund seines Gehaltes an Phyto-Östrogenen, die bei Frauen wie natürliches Östrogen wirken, verwendet, um die Menstruation zu regulieren. Er ist außerdem reich an Antioxidantien, die die zellschädigende Wirkung der freien Radikale bekämpfen. Bekannt ist seine Wirkung auf das Herz-Kreislauf-System: Er verringert unter anderem Bluthochdruck und senkt den Cholesterinspiegel.

– Fenchel hat antibakterielle Eigenschaften, die sehr effizient Mundgeruch, Zahnfleischentzündungen, Darmbakterien und -parasiten und Infektionen bekämpfen. Gleichzeitig verbessert er die Verdauung und lindert Magenbeschwerden. Er hat schleimlösende Eigenschaften und hilft, die Sehkraft zu verbessern. Außerdem regt er in der Stillzeit den Milchfluss an.

INHALTSSTOFFE

– Fenchel ist vor allem reich an Vitamin C, in weniger großen Mengen enthält er Vitamine der B-Gruppe, unter denen vor allem sein Folsäuregehalt hervorsticht.

– Die enthaltenen Mineralstoffe sind vor allem: Kalium, Calcium, Phosphor und Magnesium.

....

Bei dieser Heilpflanze, deren Geschmack an Anis erinnert, isst man alles: Wurzel, Stängel, Blätter, Blüten, Früchte und Samen. Schon die Römer verbanden Fenchel mit einem Aberglauben: Sie glaubten, dass einige Sprossen Fenchel in der Küche sie vor jeder Art von Krankheiten schützen würden.

....

ROTE PAPRIKA

EIGENSCHAFTEN

– Rote Paprika hilft, die Sehkraft zu erhalten, vor allem die Nachtsichtfähigkeit; außerdem ist sie gut für Haut, Haare und Fingernägel.

– Sie gehört zu den Gemüsesorten mit dem höchsten Lycopingehalt, einer Substanz, die erfolgreich in der Krebsprävention getestet wurde, unter anderem bei Prostata- und Lungenkrebs.

– Dank seiner Carotinoide hilft uns dieses Gemüse, Entzündungen und Schmerzen zu bekämpfen, da es schmerzstillend wirkt.

INHALTSSTOFFE

– Neben ihrem hohen Lycopingehalt tut sich die rote Paprika vor allem als Vitamin-C- und Vitamin-A-Quelle hervor. Außerdem liefert sie uns B-Vitamine, vor allem Vitamin B6.

– Unter ihren Mineralien ist der Kaliumgehalt am höchsten, sie enthält aber auch Calcium, Phosphor und Magnesium – ein Trio, das in der Paprika in einem ausgewogenen Verhältnis vorkommt, um die Gesundheit der Knochen und des Gewebes zu erhalten.

....

Wussten Sie, dass grüne Paprika unreife rote Paprika ist? Sie hat daher einen leicht bitteren Geschmack und enthält im Vergleich zur roten Paprika nur die Hälfte an Vitamin C und ein Zehntel an Vitamin A.

....

RADIESCHEN UND RETTICH

EIGENSCHAFTEN

– Radieschen und Rettich bekommen den Titel als DIE Krankheitsbekämpfer schlechthin: sie wirken krebshemmend, entzündungshemmend und antimikrobiell.

– Sie regulieren die Darmtätigkeit, lindern Verdauungsbeschwerden und helfen außerdem, Infektionen und Erkältungen zu bekämpfen. Sie verbessern das Krankheitsbild bei Rheuma und Gicht und sind gute Begleiter bei der Behandlung von Geschwüren.

– Sie können die Gallensaftproduktion anregen, helfen daher bei der Verdauung der von uns aufgenommenen Fette und eliminieren Abfallprodukte und Gifte aus dem Organismus.

– Reich an Jod, erhält der Rettich die Funktion der Schilddrüse, die den Stoffwechsel reguliert und für das Wachstum wichtig ist.

INHALTSSTOFFE

– Rettich und Radieschen bestehen zu fast 95 Prozent aus Wasser; sie enthalten kaum Proteine, Fette oder Kohlenhydrate. Rettich ist eine der Gemüsesorten mit dem höchsten Vitamin-C-Gehalt. Außerdem sticht sein Gehalt an Folsäure (Vitamin B9) hervor.

– An Mineralstoffen spielen vor allem Kalium und Jod eine besondere Rolle. Kalium ist notwendig für die Übertragung und Erzeugung von Nervenimpulsen sowie für eine normale Muskelaktivität.

Obwohl wir in Spanien, wenn uns etwas nicht interessiert, sagen, „das interessiert mich einen Rettich", muss man betonen, dass der Rettich uns sehr wohl interessiert. So ein für unsere Gesundheit derart wirkungsvolles Gemüse sollte nicht unbeachtet bleiben.

ROTE BETE

EIGENSCHAFTEN

– Die Rote Bete ist wegen ihres hohen Zucker- und Eisengehaltes ein großartiger Energiespender und sehr empfehlenswert bei Anämie, Erkrankungen des Blutes und während der Genesung.

– Reich an Flavonoiden, zeichnet sie sich als leistungsfähiger Krebshemmer aus.

– Rote Bete ist ein stark basisches Gemüse. Da sie die Säure im Körper bekämpft, unterstützt sie die Leber in ihrer Entgiftungsfunktion.

– Sie ist während der Schwangerschaft sehr empfehlenswert, da sie reich an Folsäure ist, die ja, wie schon mehrfach erwähnt, für die Entwicklung des Fötus unentbehrlich ist.

– Außerdem ist sie aufgrund ihres hohen Gehaltes an löslichen und unlöslichen Ballaststoffen bekannt für ihre stark abführenden Eigenschaften.

– Sie hat eine harntreibende Wirkung, die hilft, Wassereinlagerungen zu bekämpfen.

Bei Roter Bete können wir alle Teile nutzen; ihre Blätter sind eine gute Vitamin-A-Quelle und besitzen verdauungsfördernde Eigenschaften. Bei Nährstoffen in Form von Säften können sich Substanzen bilden, die diese Nährstoffe leichter assimilierbar machen. Dies ist der Fall bei Roter Bete und Eisen, da das Eisen im Rote-Bete-Saft sehr viel besser assimiliert werden kann als andere Formen von Eisen.

INHALTSSTOFFE

– Aufgrund ihres Stärkegehaltes werden ihre Kohlenhydrate langsam resorbiert. Die Knolle enthält viel Vitamin C und viele B-Vitamine, vor allem Folsäure (Vitamin B9).

– Was ihre Mineralstoffe anbelangt, so ist sie reich an Jod und Kalium. In kleineren Mengen enthält sie außerdem Magnesium, Phosphor und Calcium.

– Ihre Blätter sind reich an Betacarotin und Mineralien wie Eisen und Calcium.

TOMATE

EIGENSCHAFTEN

- Als reiche Antioxidantien-Quelle enthält die Tomate große Mengen Lycopin, ein sehr effektives Antioxidans gegen den durch freie Radikale verursachten Krebs (vor allem Prostatakrebs).

- Sie reduziert den Cholesteringehalt und schützt das Herz. Der tägliche Verzehr von Tomaten reduziert das Risiko, Bluthochdruck zu bekommen.

- Die Tomate hält das Verdauungssystem gesund und verhindert Verstopfung; sie wirkt abführend, vor allem, wenn man sie mit der Haut isst, obwohl Kerne und Haut empfindliche Mägen reizen können.

- Außerdem hilft sie effizient, Gifte und Schwermetalle aus dem Körper auszuleiten. Der regelmäßige Verzehr reduziert das Auftreten von Harnwegsinfektionen und Blasenkrebs.

- Das in der Tomate enthaltene Vitamin A hilft, die Sehkraft zu verbessern und beugt Nachtblindheit vor. Medizinische Studien haben außerdem gezeigt, dass der tägliche Verzehr von Tomaten den oxidativen Stress bei Diabetes vom Typ 2 reduziert.

Tomatensaft erleichtert die Verdauung, gleicht die Verteilung der Nährstoffe aus, begünstigt die Funktion des Blutes und besitzt eine interessante Regenerationsfunktion. Bei Magenschmerzen ist er nicht zu empfehlen, für Menschen mit Abwehrschwäche allerdings schon.

INHALTSSTOFFE

- Die Tomate enthält viele Vitamine: Vitamin A, Vitamin C, B-Vitamine, etwas Vitamin E, P und D.

- Sie ist reich an Kalium, Phosphor, Calcium und Magnesium. In geringeren Mengen enthält sie außerdem Mangan, Zink und Kupfer.

MÖHRE

EIGENSCHAFTEN

– Der regelmäßige Verzehr von Möhren, sei es als Salat, Saft oder Püree, erhöht die Anzahl der roten Blutkörperchen und das Hämoglobin im Körper. Letzteres gilt als wichtiger Regulator des Säure-Basen-Gleichgewichts im Organismus.

– Ein regelmäßiger Möhrenkonsum trägt zur Heilung von Magen- und Darmgeschwüren bei, da er das Muskelgewebe des Magens verdichtet.

– Ihr hoher Carotingehalt hilft uns nicht nur, schneller und sicherer braun zu werden, sondern schützt auch vor Krebs, vor allem der Bauchspeicheldrüse. Die Carotinoide schützen auch die Arterien und das Immunsystem und bekämpfen Infektionen.

– Während der Stillzeit verbessert die Möhre die biologische Qualität der Muttermilch.

– Sie stärkt die Gesundheit und das gute Aussehen von Haaren und Nägeln und ist sehr gut für eine starke Sehkraft.

Derzeit wird es wieder modern, bunte Möhren anzubauen, und man findet in den Läden inzwischen weiße, gelbe, dunkelrote und violette Möhren, aus denen man Salate oder farbenfrohe Säfte machen kann. Auch die Blätter wandern direkt in den Entsafter. Jedes grüne Blatt ist wegen seines hohen Chlorophyllgehaltes eine wertvolle Zutat in den reinigenden grünen Säften.

INHALTSSTOFFE

– Wie die Rote Bete enthält sie viel Stärke, die ihre Kohlenhydrate in langsam resorbierbare Zucker umwandelt. Neben ihrem hohen Carotingehalt versorgt uns die Möhre mit einer bemerkenswerten Anzahl Mineralien wie Calcium, Eisen, Kalium, Phosphor sowie den Vitaminen B, C und D.

KNOBLAUCH

EIGENSCHAFTEN

- Knoblauch wird häufig wegen seiner hustenstillenden Wirkung und als natürliches Antibiotikum genutzt.

- Er enthält Alliin, eine Substanz, die den Bluthochdruck senkt und den Blutkreislauf ankurbelt.

- Er hat stark harntreibende Eigenschaften, die Wassereinlagerungen reduzieren, deshalb ist er sehr empfehlenswert bei Übergewicht, Rheuma, Arthritis oder Gicht.

- Durch seinen hohen Gehalt an Flavonoiden, Antioxidantien und Schwefelverbindungen gilt er als krebshemmend.

INHALTSSTOFFE

- Knoblauch ist reich an Vitamin C und Vitamin B6. In geringeren Mengen enthält er außerdem Folsäure (Vitamin B9) und Vitamin B3.

- An Mineralstoffen finden wir in größeren Mengen: Kalium, Calcium, Phosphor und, in weniger großen Mengen, Magnesium, Eisen und Kupfer.

Knoblauch ist seit der Antike eine der gebräuchlichsten Heilpflanzen; schon die Ägypter, Griechen und Römer kannten ihn. Er muss roh verzehrt werden, damit seine Wirkung nicht zerstört wird. Indem wir ihn unseren Säften beifügen, können wir daher seine gesundheitsfördernden Eigenschaften erhalten.

INGWER

EIGENSCHAFTEN

– Ingwer hilft, die gesunde Darmflora zu vermehren. Da er infektiöse Bakterien bekämpft, ist er ein natürliches Antibiotikum.

– Er regt die Bauchspeicheldrüse und die Produktion von Verdauungsenzymen, die den Verdauungsprozess begünstigen, an.

– Ingwer erhitzt den Organismus stark. Außerdem begünstigt er die Blutzirkulation, kann Thromben in den Arterien auflösen und den Cholesterinspiegel senken. Er ist auch ein gutes Mittel gegen Übelkeit, Schwindel und Ohnmacht und sehr effektiv bei Virusinfektionen der Atemwege wie Nasennebenhöhlenentzündungen, Erkältungen oder Grippe.

– Diese Wurzel ist auch ein sehr empfehlenswertes Gewürz, um Depressionen zu lindern und die Laune anzuheben, da es die Produktion von Endorphinen ankurbelt, die auch als Glückshormone bekannt sind.

INHALTSSTOFFE

– Ingwer ist eine gute Quelle für Vitamin A, Vitamin C und die Vitamine B1, B2 und B6. An Mineralien liefert er Kalium, Calcium, Magnesium, Phosphor und Eisen.

Diese kostbare Pflanze, von der man nur die Wurzel isst, kam aus dem Orient, gleich den wertvollen Waren wie Seide, die nach Hunderten von Kilometern auf den Handelsrouten das Abendland erreichten. Seine exotische Geschichte umfasst mehrere Jahrhunderte.

REZEPTE FÜR GRÜNE SÄFTE

Auf den folgenden Seiten finden Sie eine Sammlung von 30 Rezepten für grüne und nicht ganz so grüne Säfte. Alle haben eine basische, reinigende und regenerierende Wirkung. An den Namen, die ich den Säften gegeben habe, können Sie außerdem erkennen, welcher Saft bei welcher Gelegenheit Hilfe bietet.

Ich hoffe, Sie haben an jedem einzelnen der Säfte Ihre Freude und werden auch dazu angeregt, eigene Rezepte zu erfinden.

Zum Wohl!

*Das Gemüse immer gut waschen – siehe dazu Seite 20!

GLORY MORNING

*Ein Gute-Laune- und Energiekick
für den Start in den Tag*

ZUTATEN

*1 Apfel
½ Gurke
2 Stangen Staudensellerie
5 Zweige Petersilie oder
Koriander
1 Handvoll Spinat
1 Stück Ingwer
(daumennagelgroß)*

ZUBEREITUNG

Das Gemüse waschen, abtropfen lassen und mit einem Tuch oder Küchenpapier trocken tupfen. Wenn Sie Bioprodukte verwenden, entfällt das Schälen, ansonsten schälen Sie den Apfel und die Gurke. Alles in kleine Stücke schneiden, je nach Größe der Einfüllöffnung Ihres Entsafters.

Die Zutaten nacheinander in den Entsafter geben, bis der Saft fertig ist.

Genießen Sie ihn sofort.

WIRKUNG

Dieser Saft ist die ideale grüne Kombination, um den Kaffee zu ersetzen und den Tag gut zu beginnen. Wenn Sie pro Tag einen Liter oder mehr davon trinken, vermeiden Sie ungesunde Knabbereien zwischendurch.

Der Saft wirkt reinigend und harntreibend und bringt uns in Schwung.

GOOD
MORNING

··

Ein süßer Morgengruß für
kraftvolle Energie und Sättigung

ZUTATEN

1 Apfel
2 Möhren
½ Gurke
2 Stangen Staudensellerie
½ Ananas

ZUBEREITUNG

Die Zutaten bis auf die Ananas waschen, abtropfen lassen und mit einem Tuch oder Küchenpapier trocken tupfen. Wenn Sie Bioprodukte verwenden, entfällt das Schälen, ansonsten schälen Sie den Apfel, die Möhren und die Gurke. Die Ananas schälen und zerteilen. Alles in kleine Stücke schneiden, je nach Größe der Einfüllöffnung Ihres Entsafters.

Die Zutaten nacheinander in den Entsafter geben, bis der Saft fertig ist.

Genießen Sie ihn sofort.

WIRKUNG

Dies ist das perfekte Rezept für Anfänger: Der grüne Saft ist sehr mild und aufgrund seines überwiegend süßen Geschmacks leicht zu trinken. Er ist gut geeignet, um sich an grüne Säfte zu gewöhnen, ohne dabei auf Geschmack zu verzichten oder sich unnötig zu quälen. Die Möhren liefern eine Extraportion an antioxidativen Betacarotinen, die Ananas verstärkt den harntreibenden und sättigenden Effekt. Für Diabetiker oder Menschen mit Kandidose ist es besser, einen grünen Saft mit weniger Fruchtgehalt zu wählen.

CLEAN
YOUR BODY

Sorgt für Frische, Darmreinigung und Wohlbefinden
sowie für ein stetig steigendes Energielevel

ZUTATEN

1 Gurke
1 Stange Staudensellerie
1 Stück Ingwer
(daumennagelgroß)
5 Blätter Minze
2 Stängel Fenchel

ZUBEREITUNG

Alle Zutaten waschen, abtropfen lassen und mit einem Tuch oder Küchenpapier trocken tupfen. Die Gurke schälen, falls Sie keine Biogurke verwenden. Alles in kleine Stücke schneiden, je nach Größe der Einfüllöffnung Ihres Entsafters.

Die Zutaten nacheinander in den Entsafter geben, bis der Saft fertig ist.

Genießen Sie ihn sofort.

WIRKUNG

Dies ist eine weitere Version des grünen Saftes, die für Abwechslung sorgt. Die Minze fügt dem klassischen Saft mehr Chlorophyll hinzu, ein großartiger Blutreiniger. Der Fenchel verstärkt die Wirkung des Saftes durch eine Extraportion freier Radikalfänger. Beide Zutaten sind gleichzeitig sehr verdauungsanregend und beruhigend. Dieser Saft enthält kein Obst und keine süßen Zutaten, deshalb ist er perfekt für Menschen mit Diabetes oder Kandidose.

CAPRICHO

Verschafft Ihnen mehr Energie, gute Laune und ein positives Körpergefühl

ZUTATEN

1 Scheibe Ananas
1 Rote Bete
½ Zitrone
4 Salatblätter

ZUBEREITUNG

Die Rote Bete und die Salatblätter waschen, abtropfen lassen und mit einem Tuch oder Küchenpapier trocken tupfen. Die Zitrone schälen. Alles in kleine Stücke schneiden, je nach Größe der Einfüllöffnung Ihres Entsafters.

Die Zutaten nacheinander in den Entsafter geben, bis der Saft fertig ist.

Genießen Sie ihn sofort.

WIRKUNG

Dieser Saft aus vier stark reinigenden Zutaten ist wegen seines süßen Geschmacks eine pure Gaumenfreude.

Er reinigt den Organismus auf verschiedenen Ebenen: Die Rote Bete, ein guter Blutreiniger, wirkt durch ihren verdauungsfördernden Effekt auch auf den Dickdarm. Die Zitrone regt die Leber an und hilft, Gifte auszuleiten. Ananas und Salat sind zu 100 Prozent harntreibend und helfen uns, sämtliche Gifte aus dem Organismus zu spülen.

AMOR, AMOR

· ·

Energie und Freude, den ganzen Morgen lang!

ZUTATEN

2 Äpfel
2 Rote Bete
1 Stück Ingwer
    (daumennagelgroß)

ZUBEREITUNG

Die drei Zutaten waschen, abtropfen lassen und mit einem Tuch oder Küchenpapier trocken tupfen. Wenn Sie Bioäpfel verwenden, müssen diese nicht geschält werden. Alles in kleine Stücke schneiden, je nach Größe der Einfüllöffnung Ihres Entsafters.

Die Zutaten nacheinander in den Entsafter geben, bis der Saft fertig ist.

Genießen Sie ihn sofort.

WIRKUNG

Eine Kombination von Apfel und Roter Bete – zwei der Saftzutaten mit der stärksten Reinigungswirkung gemeinsam in Aktion. Abgesehen von seinem harntreibenden Effekt, der hilft, Stoffwechselabbauprodukte aus dem Organismus zu spülen, unterstützt dieser Saft die Leber bei der Entgiftung und wirkt stark basisch auf unseren Körper. Dieser Saft ist eine echte Liebeserklärung an unseren Organismus und unseren Gaumen. Und seine rote Farbe erfüllt unser Herz mit Leidenschaft

GEMÜSECOCKTAIL

*Bringt den Organismus ins Gleichgewicht,
wirkt entsäuernd und entgiftend*

ZUTATEN

2 Tomaten
2 Möhren
1 Stange Sellerie
4 Zweige Petersilie
½ Zitrone
1 Handvoll Spinat
¼ Zwiebel
½ Knoblauchzehe
(optional)

ZUBEREITUNG

Alle Zutaten bis auf die Zitrone, die Zwiebel und den Knoblauch waschen, abtropfen lassen und mit einem Tuch oder Küchenpapier trocken tupfen. Wenn Sie Bioprodukte verwenden, müssen diese nicht geschält werden. Ansonsten die Tomate häuten und die Möhren schälen. Außerdem die Zitrone, die Zwiebel und den Knoblauch schälen. Alles in kleine Stücke schneiden, je nach Größe der Einfüllöffnung Ihres Entsafters.

Die Zutaten nacheinander in den Entsafter geben, bis der Saft fertig ist.

Genießen Sie ihn sofort.

WIRKUNG

Dieser Cocktail ist reich an Lycopin und Antioxidantien und erinnert geschmacklich an Gazpacho. Wegen seiner stark entzündungshemmenden, entsäuernden und entgiftenden Wirkung ist er auch ein gutes Mittel gegen Krebs.

Probieren Sie ihn mit einem Topping aus Kurkuma und schwarzem Pfeffer, um seine Wirkung zu verstärken. Mit ein paar Sellerieblättern verziert, verwandelt sich dieser Cocktail in einen attraktiven, erfrischenden und gesunden Aperitif, der den Magen auf die Mahlzeit vorbereitet.

VITAMIN V

· ·

Für eine gute Nierenfunktion

ZUTATEN

4 Stangen Spargel
3 Stangen Sellerie
¼ Kohlkopf
½ Apfel
1 Zitrone

ZUBEREITUNG

Alle Zutaten bis auf die Zitrone waschen, abtropfen lassen und mit einem Tuch oder Küchenpapier trocken tupfen. Wenn Sie einen Bioapfel verwenden, müssen Sie ihn nicht schälen. Die Zitrone schälen. Alles in kleine Stücke schneiden, je nach Größe der Einfüllöffnung Ihres Entsafters.

Die Zutaten nacheinander in den Entsafter geben, bis der Saft fertig ist.

Genießen Sie ihn sofort.

WIRKUNG

Wer an Wassereinlagerungen leidet, abnehmen möchte oder eine Veranlagung zu Harnwegsinfektionen hat, profitiert von dem natürlichen harntreibenden Effekt dieses Saftes.

Neben seiner reinigenden Wirkung ermöglicht der diuretische Effekt die Eliminierung von Giften aus dem Organismus, deshalb ist der Saft auch ein gutes Heilmittel gegen Rheuma, Gelenkserkrankungen und Gicht.

Er verbessert überdies das ödematöse Erscheinungsbild der Haut, unter dem Menschen mit Wassereinlagerungen leiden.

GLÜCKLICHE LEBER

Wie der Name schon sagt: Für die Leberreinigung

ZUTATEN

*2 Handvoll Löwenzahn-
    blätter
1 Handvoll Alfalfasprossen
1 Gurke
10 Zweige Petersilie
2 Zitronen
1 grüner Apfel*

ZUBEREITUNG

Alle Zutaten bis auf die Zitronen waschen, abtropfen lassen und mit einem Tuch oder Küchenpapier trocken tupfen. Wenn Sie Bioprodukte verwenden, müssen diese nicht geschält werden. Ansonsten die Gurke, den Apfel und die Zitronen schälen. Alles in kleine Stücke schneiden, je nach Größe der Einfüllöffnung Ihres Entsafters.

Die Zutaten nacheinander in den Entsafter geben, bis der Saft fertig ist.

Genießen Sie ihn sofort.

WIRKUNG

Die Leber hat die Aufgabe, die im Körper angesammelten Gifte zu entfernen. Außerdem ist sie am Protein- und Cholesterinabbau beteiligt, weshalb ihr korrektes Funktionieren zu einem großen Teil für unsere Gesundheit verantwortlich ist. Gelegentlich ist unsere Leber jedoch so verstopft, dass sie Schwierigkeiten hat, die überflüssigen Abbauprodukte auszuleiten. Dieser Saft ist ein gutes Hausmittel, um sie bei all ihren Aufgaben zu unterstützen, denn wenn die Leber frei ist von übermäßig vielen Giften, haben wir mehr Energie und gute Laune und indirekt auch ein stärkeres Immunsystem.

DETOX

**Für wesentlich mehr Energie und
zur Regeneration des Blutes**

ZUTATEN

1 Brokkoli
5 Zweige Petersilie
2 Stangen Sellerie
½ Gurke
1 Handvoll Spinat

ZUBEREITUNG

Alle Zutaten waschen, abtropfen lassen und mit einem Tuch oder Küchenpapier trocken tupfen. Die Gurke schälen, falls sie nicht biologisch angebaut wurde. Alles in kleine Stücke schneiden, je nach Größe der Einfüllöffnung Ihres Entsafters.

Die Zutaten nacheinander in den Entsafter geben, bis der Saft fertig ist.

Genießen Sie ihn sofort.

WIRKUNG

Chlorophyll weist eine sehr ähnliche Zellstruktur auf wie unser Hämoglobin und hat zudem unzählige positive Wirkungen auf die Gesundheit: Es regt den Zellstoffwechsel an, entgiftet den Organismus, stärkt die Abwehrkräfte, unterstützt die natürlichen Heilungsprozesse, regt die Bildung von roten Blutkörperchen an, beugt Krebs vor, stoppt Infektionen und reinigt das Blut. Für eine Extraportion Chlorophyll können Sie dem Saft einen Teelöffel Spirulina als Topping hinzufügen.

BLOODY GREEN

Eine Gemüsekombination, die unserer Leber guttut

ZUTATEN

5 Blätter Romanasalat
1 Gurke
½ Zitrone
10 Zweige Petersilie

ZUBEREITUNG

Alle Zutaten bis auf die Zitrone waschen, abtropfen lassen und mit einem Tuch oder Küchenpapier trocken tupfen. Die Gurke schälen, falls sie nicht biologisch angebaut wurde. Die Zitrone schälen. Alles in kleine Stücke schneiden, je nach Größe der Einfüllöffnung Ihres Entsafters.

Die Zutaten nacheinander in den Entsafter geben, bis der Saft fertig ist.

Genießen Sie ihn sofort.

WIRKUNG

Im Dauerstress vergessen wir manchmal, ruhig und gleichmäßig zu atmen. Dann wird unserem Körper der wertvolle Sauerstoff vorenthalten. Außerdem verbraucht eine Ernährung, die auf einem Übermaß an tierischem Eiweiß, gesättigten Fettsäuren und Fertigprodukten basiert, den Sauerstoff in unserem Blut und übersäuert es schrittweise – was schließlich zu Erkrankungen führt. Dieser Saft, auf nüchternem Magen getrunken, hilft dabei, unseren Organismus zu entsäuern.

EISEN-BOOSTER

Hilft dabei, Anämie zu bekämpfen, neue Energie zu schöpfen und ein emotionales Gleichgewicht zu erreichen

ZUTATEN

2 Handvoll Spinat
1 Rote Bete
1 Möhre
3 Stangen Sellerie
1 Zitrone

ZUBEREITUNG

Alle Zutaten bis auf die Zitrone waschen, abtropfen lassen und mit einem Tuch oder Küchenpapier trocken tupfen. Wenn die Möhre aus biologischem Anbau stammt, muss sie nicht geschält werden. Die Zitrone schälen. Alles in kleine Stücke schneiden, je nach Größe der Einfüllöffnung Ihres Entsafters.

Die Zutaten nacheinander in den Entsafter geben, bis der Saft fertig ist.

Genießen Sie ihn sofort.

WIRKUNG

Wer über eine gemüsereiche Ernährung ohne tierisches Eiweiß nachdenkt, macht sich oft Sorgen über möglichen Eisenmangel. Doch der ist nicht immer gleichzusetzen mit dem Verzicht auf Fleisch. Auch in Gemüse, Getreide und Hülsenfrüchten steckt viel Eisen.

Dieser Saft ist ein guter Eisen- und Vitamin-C-Cocktail, um Anämie zu bekämpfen und die Bildung roter Blutkörperchen anzuregen. Wenn Sie seine Wirkung verstärken möchten, fügen Sie als Topping einen Teelöffel Spirulina hinzu.

VITAMIN-C-SPRITZE

Reich an Vitamin C, stärkt die Abwehrkräfte

ZUTATEN

1 Grapefruit
½ Zitrone
1 Gurke
2 Salatblätter

ZUBEREITUNG

Die Salatblätter waschen, abtropfen lassen und mit einem Tuch oder Küchenpapier trocken tupfen. Die Grapefruit, die halbe Zitrone und die Gurke schälen. Alles in kleine Stücke schneiden, je nach Größe der Einfüllöffnung Ihres Entsafters.

Die Zutaten nacheinander in den Entsafter geben, bis der Saft fertig ist.

Genießen Sie ihn sofort.

WIRKUNG

Dieser Saft ist ideal, um unsere Vitamin-C-Reserven aufzustocken. Er ist sehr empfehlenswert zum Wechsel der Jahreszeiten oder in Zeiten, in denen wir unsere Vitamin-C-Reserven aufbrauchen; außerdem in Stresssituationen und in der kalten Jahreszeit, wenn wir anfälliger für Erkältungen sind, oder wenn wir rauchen und uns wenig Pausen gönnen.

Außerdem ist dieser Saft ideal, um den Kater am Morgen danach zu vertreiben, da das Vitamin C dabei hilft, Alkohol zügig abzubauen. Bei Anämie empfiehlt es sich, den Saft 30 Minuten vor dem Essen zu trinken, da Vitamin C auch dabei hilft, Calcium zu binden.

FREEDOM

∙∙

Sorgt für einen robusten Eisenspiegel im Blut –
und schützt vor Erkältungen und Infektionen

ZUTATEN

1 Möhre
2 Grapefruits
½ Gurke
1 Stückchen Ingwer
4 Blätter Minze
1 EL Blütenpollen

ZUBEREITUNG

Alle Zutaten bis auf die Grapefruits waschen, abtropfen lassen und mit einem Tuch oder Küchenpapier trocken tupfen. Die Gurke und die Möhre schälen, falls sie nicht aus biologischem Anbau stammen. Die Grapefruits ebenfalls schälen. Alles in kleine Stücke schneiden, je nach Größe der Einfüllöffnung Ihres Entsafters.

Die Zutaten nacheinander in den Entsafter geben, bis der Saft fertig ist.

Genießen Sie ihn sofort.

WIRKUNG

Zum Wechsel der Jahreszeiten, wenn wir unsere Abwehrkräfte stärken müssen, ist dieser Saft ein leckeres, vorbeugendes Heilmittel.

Reich an Vitamin C und Betacarotinen, regt er das Immunsystem an. Die Minze besitzt antivirale Eigenschaften und wirkt schleimlösend auf die Atemwege. Als gute natürliche Antibiotika bekämpfen Ingwer und Blütenpollen infektiöse Bakterien.

IMMUNE BOOST

· ·

*Besserer Schutz vor Krankheiten, Allergien,
Erkältungen und Infektionen*

ZUTATEN

*5 Möhren
5 Zweige Petersilie
1 Handvoll Spinat
2 Stangen Sellerie
1 Stück Ingwer
    (daumennagelgroß)*

ZUBEREITUNG

Alle Zutaten waschen, abtropfen lassen und mit einem Tuch oder Küchenpapier trocken tupfen. Die Möhren schälen, falls sie nicht aus Bioanbau stammen. Alles in kleine Stücke schneiden, je nach Größe der Einfüllöffnung Ihres Entsafters.

Die Zutaten nacheinander in den Entsafter geben, bis der Saft fertig ist.

Genießen Sie ihn sofort.

WIRKUNG

Unser Immunsystem ist wie eine Armee, die dazu da ist, unseren Organismus gegen Feinde, nämlich Krankheiten jedweden Ursprungs, zu verteidigen. Wenn sich das Immunsystem nicht in guter Verfassung befindet, ist es nicht bereit, sich zu verteidigen, sodass es wahrscheinlicher ist, dass wir uns eine Erkältung oder auch ernsthaftere Krankheiten einfangen. Daher ist es gut, das Immunsystem regelmäßig mit so unkomplizierten Säften wie diesem zu stärken.

GESUNDHEITSKUR

Wirkt entzündungshemmend, erhält und repariert
das innere Gleichgewicht unserer Zellen

ZUTATEN

2 Stangen Sellerie
1 Gurke
1 grüner Apfel
5 Blätter Basilikum
1 Stück Ingwer
   (daumennagelgroß)
1 Stück Kurkumawurzel
   (daumennagelgroß)

ZUBEREITUNG

Alle Zutaten waschen, abtropfen lassen und mit einem Tuch oder Küchenpapier trocken tupfen. Wenn Sie Bioprodukte verwenden, müssen diese nicht geschält werden. Ansonsten den Apfel und die Gurke schälen. Alles in kleine Stücke schneiden, je nach Größe der Einfüllöffnung Ihres Entsafters.

Die Zutaten nacheinander in den Entsafter geben, bis der Saft fertig ist.

Genießen Sie ihn sofort.

WIRKUNG

Sehr empfehlenswert, um Organe und Gewebe funktionstüchtig zu halten. Wann immer im Körper Entzündungen auftreten, gibt es auch Gifte; deshalb entwickeln sich Krankheiten. Alle Leiden, die auf -itis enden, bedeuten eine Entzündung und Ungleichgewicht für unser Wohlbefinden. Anhaltende oder chronische Entzündungen können zu schwereren Erkrankungen wie Krebs, Alzheimer oder Arteriosklerose führen. Der Saft „Gesundheitskur" enthält in konzentrierter Form entzündungshemmende und reinigende pflanzliche Inhaltsstoffe, die uns helfen, diesen Entzündungen vorzubeugen und sie zu bekämpfen.

ENERGY POWER

*Stellt das körperliche und emotionale Gleichgewicht
wieder her und verschafft uns Wohlbefinden*

ZUTATEN

15 rote Trauben
2 Stangen Sellerie
½ Gurke
½ Limette
1 Handvoll Basilikum

ZUBEREITUNG

Alle Zutaten bis auf die Limette waschen, abtropfen lassen und mit einem Tuch oder Küchenpapier trocken tupfen. Die Gurke schälen, falls Sie keine Biogurke verwenden. Die Limette schälen. Alles in kleine Stücke schneiden, je nach Größe der Einfüllöffnung Ihres Entsafters.

Die Zutaten nacheinander in den Entsafter geben, bis der Saft fertig ist.

Genießen Sie ihn sofort.

WIRKUNG

Dieser regenerierende Saft ist ideal für Sportler, Studenten oder Menschen in der Rekonvaleszenz. Die roten Trauben sind eine sehr gute natürliche Energiequelle. Gleichzeitig hilft die reinigende und antioxidative Wirkung dieses Saftes, freie Radikale und Stoffwechselabbauprodukte zu eliminieren, die durch die Anstrengung entstehen, die die obigen Situationen unserem Organismus abverlangen. Basilikum trägt außerdem dazu bei, unser Nervensystem zu stärken und auszugleichen. Die Traube ist aufgrund ihres Zuckergehaltes nicht für Diabetiker geeignet.

SÜSSES ERWACHEN

....

Stärkt Kraft, Energie und Konzentrationsfähigkeit

ZUTATEN

1 Apfel
1 Birne
1 Grapefruit
2 Stangen Sellerie
1 Stück Ingwer
  (daumennagelgroß)

ZUBEREITUNG

Alle Zutaten bis auf die Grapefruit waschen, abtropfen lassen und mit einem Tuch oder Küchenpapier trocken tupfen. Wenn Sie Bioprodukte verwenden, müssen diese nicht geschält werden. Die Grapefruit schälen. Alles in kleine Stücke schneiden, je nach Größe der Einfüllöffnung Ihres Entsafters.

Die Zutaten nacheinander in den Entsafter geben, bis der Saft fertig ist.

Genießen Sie ihn sofort.

WIRKUNG

Dieser Saft kann den morgendlichen Kaffee ersetzen. Sein reicher Fruchtgehalt liefert viel gute Energie. Die Energie, die der Kaffee verleiht, ist dagegen trügerisch, weil er dafür eine Gegenleistung fordert: Seine Aufnahme verbraucht Energie und raubt dem Organismus Nährstoffreserven. Deshalb ist uns eine Tasse Kaffee oft nicht genug. Wenn Sie regelmäßig Kaffee trinken, haben Sie diesen Teufelskreis sicherlich schon bemerkt. Die Säfte hingegen nehmen uns nichts weg, sondern geben nur: Vitamine, Mineralien, Enzyme, Ballaststoffe, Spurenelemente, Elektrolyte … Substanzen, die uns hochkonzentrierte Energie spenden.

REGENBOGEN

∙∙

*Ein Anti-Aging-Saft für eine jüngere,
straffere, hydratisierte und strahlende Haut*

ZUTATEN

*½ rote oder gelbe Paprika-
    schote (nach Wahl)
1 Rote Bete
4 Möhren
6 Blätter Romanasalat
1 Gurke*

ZUBEREITUNG

Alle Zutaten waschen, abtropfen lassen und mit einem Tuch oder Küchenpapier trocken tupfen. Wenn die Möhren und die Gurke aus Bioanbau stammen, müssen sie nicht geschält werden. Alles in kleine Stücke schneiden, je nach Größe der Einfüllöffnung Ihres Entsafters.

Die Zutaten nacheinander in den Entsafter geben, bis der Saft fertig ist.

Genießen Sie ihn sofort.

WIRKUNG

Dieser dreifarbige Saft verwandelt unser Glas in einen Regenbogen. Er enthält in perfektem Gleichgewicht Vitamin C und Betacarotine, zwei Antioxidantien, die unerlässlich sind, um unsere Haut jung und schön zu erhalten.

Gurke regeneriert und hydratisiert die Zellen und spendet Vitalität. Wenn wir uns für rote Paprika entscheiden, liefert uns der Saft außerdem Lycopin, ein weiterer Inhaltsstoff, der eine wichtige Rolle spielt, um dem zellulären Alterungsprozess vorzubeugen.

GUTE SICHT

....

Verbessert die Sehkraft und verhilft uns zu
einer besser gebräunten Haut im Sommer

ZUTATEN

1 Apfel
5 Möhren
2 Handvoll Spinat
1 Stück Ingwer (optional)

ZUBEREITUNG

Alle Zutaten waschen, abtropfen lassen und mit einem Tuch oder Küchenpapier trocken tupfen. Wenn die Möhren und der Apfel aus biologischem Anbau stammen, müssen sie nicht geschält werden. Alles in kleine Stücke schneiden, je nach Größe der Einfüllöffnung Ihres Entsafters.

Die Zutaten nacheinander in den Entsafter geben, bis der Saft fertig ist.

Genießen Sie ihn sofort.

WIRKUNG

Wer diesen Saft trinkt, sieht nicht nur gut aus, sondern verbessert auch seine Sehkraft. Sein hoher Gehalt an Betacarotinen (Vorstufen von Vitamin A), die die Zellschädigung verlangsamen, macht diesen Saft zu einem starken Antioxidans, das die Gesundheit der Haut fördert und die Sehkraft stärkt. Er ist ideal, um Nachtblindheit und Überempfindlichkeit gegenüber Sonnenlicht zu verbessern und der Entstehung von grauem Star vorzubeugen.

TROPICAL

Hat eine entschlackende Wirkung,
die auch Cellulite mildert

ZUTATEN

2 Scheiben Ananas
½ Gurke
2 Stangen Sellerie
2 Handvoll Spinat

ZUBEREITUNG

Alle Zutaten außer der Ananas waschen, abtropfen lassen und mit einem Tuch oder Küchenpapier trocken tupfen. Wenn die Gurke aus Bioanbau stammt, muss sie nicht geschält werden. Alles in kleine Stücke schneiden, je nach Größe der Einfüllöffnung Ihres Entsafters.

Die Zutaten nacheinander in den Entsafter geben, bis der Saft fertig ist.

Genießen Sie ihn sofort.

WIRKUNG

Dieser stark harntreibende Cocktail bekämpft Wassereinlagerungen. Der Star unter seinen Zutaten ist die Ananas, die eine Substanz namens Bromelain enthält, welche entzündungshemmend und harntreibend wirkt und die mit der Cellulite einhergehenden ödematösen Prozesse lindert.

Wer diesen Saft mit seinem leicht exotischen Geschmack täglich auf nüchternem Magen trinkt, ein bisschen Sport dazu treibt und eine gesunde Ernährung mit viel Gemüse, ohne Zucker und gesättigte Fettsäuren pflegt, rückt der Cellulite erfolgreich zu Leibe.

ANTI-AGING

....

Wirkt antioxidativ – für eine zarte,
gesunde Haut und ein gesundes Aussehen

ZUTATEN

1 Grapefruit
6 Möhren
1 Handvoll Spinat
1 Stück Ingwer
(daumennagelgroß)

ZUBEREITUNG

Alle Zutaten außer der Grapefruit waschen, abtropfen lassen und mit einem Tuch oder Küchenpapier trocken tupfen. Wenn die Möhren aus Bioanbau stammen, müssen sie nicht geschält werden. Die Grapefruit schälen. Alles in kleine Stücke schneiden, je nach Größe der Einfüllöffnung Ihres Entsafters.

Die Zutaten nacheinander in den Entsafter geben, bis der Saft fertig ist.

Genießen Sie ihn sofort.

WIRKUNG

Wer nach einem Saft sucht, der zu schöner Haut verhilft, sollte zu Zutaten greifen, die reich an Vitamin C und Betacarotinen sind. Hier haben wir ein weiteres Beispiel, diesmal noch verstärkt durch den Eisengehalt des Spinates. Eisen ist unerlässlich, um Sauerstoff zum Gewebe zu transportieren; außerdem kann es durch den Vitamin-C-Gehalt des Saftes leichter aufgenommen werden. Während man bei Anämie blass aussieht, verleiht ein ausreichend hoher Eisenspiegel im Blut der Haut ein gesundes Aussehen.

DELI

∙∙

Sorgt für einen strahlenden Teint –
und gefühlt ein paar Jahre weniger

ZUTATEN

4 Möhren
2 Granny-Smith-Äpfel
1 Rote Bete

ZUBEREITUNG

Alle drei Zutaten waschen, abtropfen lassen und mit einem Tuch oder Küchenpapier trocken tupfen. Wenn Sie Bioprodukte verwenden, müssen diese nicht geschält werden. Alles in kleine Stücke schneiden, je nach Größe der Einfüllöffnung Ihres Entsafters.

Die Zutaten nacheinander in den Entsafter geben, bis der Saft fertig ist.

Genießen Sie ihn sofort.

WIRKUNG

Dieser Saft hat den Vorteil, dass er trotz ganz weniger Zutaten einen hohen Gehalt an Antioxidantien in Form von Vitamin C und Betacarotinen liefert.

Durch die Rote Bete ist er außerdem reich an Folsäure, die wichtig ist, um neues Gewebe zu bilden. Seine reinigende Wirkung bringt überdies die Haut zum Strahlen. Und das Beste an diesem Saft ist sein köstlicher, süßer Geschmack.

SUNSHINE

∙∙

Für eine jung wirkende Haut mit weniger Falten

ZUTATEN

1 rote Paprika
2 Möhren
1 Apfel
1 Stück Ingwer
  (daumennagelgroß)
1 Esslöffel Hanfsamen

ZUBEREITUNG

Alle Zutaten waschen, abtropfen lassen und mit einem Tuch oder Küchenpapier trocken tupfen. Wenn der Apfel und die Möhren aus biologischem Anbau stammen, müssen sie nicht geschält werden. Alles in kleine Stücke schneiden, je nach Größe der Einfüllöffnung Ihres Entsafters.

Die Zutaten nacheinander in den Entsafter geben, bis der Saft fertig ist.

Genießen Sie ihn sofort.

WIRKUNG

Ein süßer, leicht pikanter Saft mit nahezu magischer Wirkung, weil er tatsächlich sämtliche Jungbrunnen-Zutaten enthält: Vitamin A, C, D und E, Lycopin, Polyphenole und Omega-3-Fettsäuren.

Die Hanfsamen in diesem Saft sind unbedingt nötig, weil sie Vitamin E und Omega-3-Fettsäuren beisteuern. Wer diesen Saft täglich trinkt, kann förmlich dabei zusehen, wie sich die Zeiger der Uhr rückwärts bewegen.

FLACHER BAUCH

....

Absorbiert Magensäure und verhilft
so zu mehr Wohlbefinden

ZUTATEN

½ Kohlkopf
5 Möhren
2 Stangen Sellerie
½ Gurke

ZUBEREITUNG

Alle Zutaten waschen, abtropfen lassen und mit einem Tuch oder Küchenpapier trocken tupfen. Wenn die Möhren und die Gurke aus biologischem Anbau stammen, müssen sie nicht geschält werden. Alles in kleine Stücke schneiden, je nach Größe der Einfüllöffnung Ihres Entsafters.

Die Zutaten nacheinander in den Entsafter geben, bis der Saft fertig ist.

Genießen Sie ihn sofort.

WIRKUNG

Dieses Magenelixier besteht aus den Gemüsesorten, die die Magenschleimhaut am effizientesten pflegen. Der Saft des Kohls ist ein natürlicher Entsäuerer und erhöht die Produktion von Mucinen, einer schleimbildenden Substanz, die die Darmpassage erleichtert und als Gleitmittel und Magenschützer wirkt. Außerdem hat man festgestellt, dass Kohl sogar dabei hilft, Verletzungen in der Magenwand abheilen zu lassen. Sellerie baut ebenfalls die Magenschleimhaut auf und schützt die Magenwände.

HAPPY DAY

....

Vermindert die Magensäure, verbessert die Verdauung und sorgt für einen gesunden Verdauungsapparat

ZUTATEN

¼ Rotkohl
3 Stangen Sellerie
½ Zitrone
1 Apfel

ZUBEREITUNG

Alle Zutaten waschen, abtropfen lassen und mit einem Tuch oder Küchenpapier trocken tupfen. Wenn der Apfel aus biologischem Anbau stammt, muss er nicht geschält werden. Die Zitrone schälen. Alles in kleine Stücke schneiden, je nach Größe der Einfüllöffnung Ihres Entsafters.

Die Zutaten nacheinander in den Entsafter geben, bis der Saft fertig ist.

Genießen Sie ihn sofort.

WIRKUNG

Eines unserer Hauptprobleme ist heute der Alltagsstress, der sich auf unser körperliches Wohlbefinden auswirkt. Zu den häufigsten Folgeleiden gehört dabei die Übersäuerung des Magens, die leider sehr weit verbreitet ist. Dieser Saft, auf nüchternem Magen getrunken, ist ein effizientes Heilmittel, um dieses Leiden zu bekämpfen. Man kann ihn auch gut eine halbe Stunde vor den Mahlzeiten trinken, um den Magen auf das Essen vorzubereiten.

KIWI EXPRESS

**Sorgt für einen gesunden täglichen Gang
zur Toilette – pünktlich wie ein Uhrwerk**

ZUTATEN

2 Kiwis
1 Apfel
2 Handvoll Spinat
½ Zitrone

ZUBEREITUNG

Den Spinat und den Apfel waschen, abtropfen lassen und mit einem Tuch oder Küchenpapier trocken tupfen. Den Apfel schälen, wenn er nicht aus biologischem Anbau stammt. Die Zitrone und die Kiwis schälen. Alles in kleine Stücke schneiden, je nach Größe der Einfüllöffnung Ihres Entsafters.

Die Zutaten nacheinander in den Entsafter geben, bis der Saft fertig ist.

Genießen Sie ihn sofort.

WIRKUNG

Die Kiwi mit ihrem Magnesium sowie den löslichen und unlöslichen Ballaststoffen verleiht diesem Saft seine abführende Wirkung. Kiwi, Spinat und Apfelpektine bilden ein kraftvolles Trio an Ballaststoffen, das Verstopfung vorbeugt und die Darmpassage erleichtert. Wenn Sie die Wirkung des Saftes verstärken möchten, können Sie Chiasamen hinzufügen. Der Schleim, den diese Samen in Verbindung mit Flüssigkeiten bilden, lässt sie aufquellen und regt die Darmbewegung an.

Weniger Giftstoffe in unserem Organismus bescheren uns eine größere geistige Klarheit und eine gesteigerte Konzentrationsfähigkeit.

COOL SUMMER

*Verschafft Sättigung und Erfrischung
in der Sommerhitze*

ZUTATEN

¼ Wassermelone
4 Blätter Minze
½ Zitrone

ZUBEREITUNG

Die Minze waschen, abtropfen lassen und mit einem Tuch oder Küchenpapier trocken tupfen. Wassermelone und Zitrone zerteilen und schälen. Alles in kleine Stücke schneiden, je nach Größe der Einfüllöffnung Ihres Entsafters.

Die Zutaten nacheinander in den Entsafter geben, bis der Saft fertig ist.

Genießen Sie ihn sofort.

WIRKUNG

Die Wassermelone gehört zu den beliebtesten Sommerfrüchten. Ihr frisches, süßes und saftiges Fruchtfleisch sättigt und löscht den Durst. Sie ist reich an Citrullin, einer Aminosäure, die die Blutgefäße erweitert. In Kombination mit der erfrischenden Minze verwandelt sie den Saft in ein echtes Sommerelixier, das den Blutkreislauf ankurbelt und Abkühlung bringt. Erfreuen Sie Ihre Gäste als coolster Saftexperte des Sommers!

BALANCE

*Verleiht viel Energie – und das Gefühl,
sein Gewicht unter Kontrolle zu haben*

ZUTATEN

6 Möhren
1 Gurke
½ Zitrone
10 Radieschen

ZUBEREITUNG

Alle Zutaten bis auf die Zitrone waschen, abtropfen lassen und mit einem Tuch oder Küchenpapier trocken tupfen. Die Zitrone schälen. Wenn Sie eine Biogurke verwenden, muss diese nicht geschält werden. Alles in kleine Stücke schneiden, je nach Größe der Einfüllöffnung Ihres Entsafters.

Die Zutaten nacheinander in den Entsafter geben, bis der Saft fertig ist.

Genießen Sie ihn sofort.

WIRKUNG

Dieser überraschende Saft hat dank der großen Menge Radieschen die Fähigkeit, eine übermäßige Hormonproduktion in der Schilddrüse zu drosseln und hilft so, die Schilddrüsenfunktion auszugleichen. Die Gurke enthält Vitamine der B-Gruppe, die ebenfalls für eine gesunde Schilddrüsenfunktion nötig sind, vor allem bei einer Überfunktion. Bei einer Schilddrüsenunterfunktion ist dieser Saft weniger zu empfehlen.

FLOWER POWER

. . . .

Entspannung, Ausgeglichenheit,
Konzentrationsstärke und Wohlbefinden

ZUTATEN

½ Grapefruit
2 Stangen Sellerie
½ Gurke
1 Knoblauchzehe (optional)
¼ Fenchelknolle

ZUBEREITUNG

Alle Zutaten bis auf die Grapefruit waschen, abtropfen lassen und mit einem Tuch oder Küchenpapier trocken tupfen. Die Grapefruit zerteilen und schälen. Wenn Sie eine Biogurke verwenden, sollte diese nicht geschält werden. Alles in kleine Stücke schneiden, je nach Größe der Einfüllöffnung Ihres Entsafters.

Die Zutaten nacheinander in den Entsafter geben, bis der Saft fertig ist.

Genießen Sie ihn sofort.

WIRKUNG

Stress entsteht unter anderem bei Veränderungen, die Anspannung oder Angst hervorrufen. Hält dieser Stress länger an, wirkt er sich negativ auf unseren Organismus aus. Es gibt bestimmte Antistress-Nahrungsmittel, die helfen, das Nervensystem zu beruhigen, den Blutdruck zu senken und Stresssymptome wie Erschöpfung, Dehydrierung oder Übersäuerung des Blutes zu bekämpfen. Die Zutaten dieses Saftes gehören dazu.

REZEPTE FÜR ANDERE GRÜNE SÄFTE

STARKE KNOCHEN

· ·

Sorgt für Knochen, die lange stark und fest bleiben

ZUTATEN

1 Brokkoli
5 Zweige Petersilie
3 Möhren
1 Granny-Smith-Apfel

ZUBEREITUNG

Alle Zutaten waschen, abtropfen lassen und mit einem Tuch oder Küchenpapier trocken tupfen. Die Zitrone schälen. Wenn Sie Biomöhren verwenden, müssen diese nicht geschält werden. Alles in kleine Stücke schneiden, je nach Größe der Einfüllöffnung Ihres Entsafters.

Die Zutaten nacheinander in den Entsafter geben, bis der Saft fertig ist.

Genießen Sie ihn sofort.

WIRKUNG

Dieser Saft versorgt unsere Knochen optimal mit Calcium, denn neben dem Calcium im Brokkoli und in der Petersilie enthält er noch weitere wichtige Komponenten, die für eine gute Calciumaufnahme sorgen. Das sind vor allem Vitamin D, Magnesium und Cofaktoren der Resorption wie Vitamin A und C.

Vitamin D wird unter Sonneneinstrahlung gebildet. Sollte diese nicht ausreichen, tragen die Chlorophyllmoleküle in diesem Saft Magnesium in sich, welches die Calciumresorption verbessert. So wirkt das Chlorophyll wie eine Art „Sonnenspeicher", der den Calciumspiegel reguliert und Vitamin-D-Mangel ausgleicht.

REZEPTE FÜR ANDERE GRÜNE SÄFTE

TOPPINGS

Möchten Sie Ihren Säften einen Extrakick geben? Im letzten Teil meines Buches möchte ich Ihnen die Toppings – also alles, was Sie noch zusätzlich in die Säfte hineingeben oder darauf streuen können – vorstellen, die ich am häufigsten für grüne Säfte empfehle. Alle werden als *Superfood* eingestuft, also als Nahrungsmittel mit hohem Nährwert, die die positiven Wirkungen der Säfte noch steigern.

ACAI-BEERE

Sie enthält bis zu fünfmal mehr Antioxidantien als die Heidelbeere

Die Acai-Beere stammt von einer Palme, die in den tropischen und subtropischen Zonen Südamerikas wächst. Ihr Fruchtfleisch enthält die höchste Konzentration von Antioxidantien im gesamten Pflanzenreich. Außerdem reinigt sie den Organismus kräftig und stärkt das Immunsystem. Sie erhöht die Libido, stärkt das Nervensystem und enthält außerdem große Mengen der essenziellen Fettsäuren Omega 3, 6 und 9, die helfen, Herz-Kreislauf-Erkrankungen zu bekämpfen.

Sie ist reich an Calcium, Ballaststoffen, Vitamin A, E, C und B-Vitaminen. An Mineralstoffen ist ihr hoher Gehalt an Calcium und Magnesium hervorzuheben, sie enthält aber auch Eisen, Zink und Kalium.

ALFALFA-SPROSSEN

Sie enthalten doppelt so viele Proteine, viermal so viel Calcium und zweimal so viel Eisen wie die meisten anderen Gemüsesorten

Alfalfa multipliziert – wie alle anderen Getreide- und Gemüsesamen auch – im gekeimten Zustand seine Nährstoffe und Enzyme, wobei besonders das Chlorophyll, ein starker Blutentgifter, hervorsticht.

Alfalfa-Sprossen wirken harntreibend und entzündungshemmend. Sie stärken das Immunsystem und halten Nervensystem und Knochen gesund. Außerdem regulieren sie die Verdauung und lindern Verstopfung.

Sie haben einen hohen Gehalt an Vitamin C, B-Vitaminen, Vitamin A und Vitamin K, das eine wichtige Rolle bei der Calciumbindung und der Blutgerinnung spielt. An Mineralien enthalten sie vor allem viel Eisen und Calcium, mehr als Milch. Außerdem liefern sie Phosphor, Magnesium, Kalium und Selen.

115

Das Glücks-
Antioxidans

KAKAO-NIBS
ODER KAKAOPULVER

Dieses kostbare *Superfood* ist sehr reich an Antioxidantien und bekämpft daher den Alterungsprozess. Es ist vor allem eine gute Magnesiumquelle, ein Mineral, das unverzichtbar ist, um Calcium in den Knochen zu binden. Außerdem hilft es beim prämenstruellen Syndrom.

Kakao stimuliert überdies die Endorphinausschüttung und begünstigt damit eine ausgeglichene Stimmung. Reich an Polyphenolen, schützt er auch unser Herz-Kreislauf-System, senkt den Blutdruck und verhindert die Koagulation des Blutes.

Obwohl es gut ist, jeden Tag Kakao zu trinken, sollte man es nicht im Übermaß tun, da das enthaltene Theobromin eine ähnlich anregende Wirkung wie Koffein hat.

KURKUMA

Kurkuma ist eine Wurzel. Wegen ihrer stark entzündungshemmenden Eigenschaften ist sie sehr empfehlenswert, um durch Rheuma oder Arthritis ausgelöste Schmerzen zu lindern. Außerdem hilft sie gegen Entzündungen im Mund (wenn man das Pulver als Mundspülung nimmt). Empfindliches Zahnfleisch kann man mit ein bisschen Kurkumapulver auf der Zahnbürste behandeln.

Kurkuma schützt außerdem die Leber und fördert die Entgiftung. Sie hilft, Blutgerinnsel zu verhindern, da sie die Thrombocytenanhäufung hemmt, so den Kreislauf verbessert und Arteriosklerose vorbeugt.

Kurkuma enthält zehn antioxidative Substanzen. Es hat sich gezeigt, dass sie vor allem in der Krebsvorbeugung in dreierlei Hinsicht von großem Wert ist: Sie begünstigt die Bekämpfung von krebsartigen Substanzen, sie hilft unserem Körper, krebshemmende Stoffe zu bilden, und sie kontrolliert die verschiedenen Faktoren, die das Tumorwachstum begünstigen. Diese krebshemmenden Eigenschaften verstärken sich in der Kombination mit einem anderen Gewürz: dem schwarzen Pfeffer.

Kurkuma fördert die Verdauung und die Bekämpfung von Gasen im Darm.

Sie enthält Vitamin C, Vitamin B3, Eisen, Zink, Selen und Mangan.

SPIRULINA

Enthält vierzehnmal so viel Eisen wie Fleisch

Ihr hoher Chlorophyllgehalt verleiht dieser Alge ihre blaugrüne Farbe und macht sie zu einem großartigen Blutentgifter. Spirulina wurde von den Vereinten Nationen als *Superfood* anerkannt, um Anämie und Unterernährung bei humanitären Noteinsätzen zu bekämpfen. Sie enthält Proteine und Eisen, die besser verdaubar und assimilierbar sind als die im Fleisch. Durch ihre vielen Antioxidantien ist sie ein wirkungsvolles Anti-Aging-Mittel und füllt die Energiereserven nach sportlicher Betätigung oder bei Erschöpfungszuständen wieder auf, weshalb sie sich besonders für Sportler empfiehlt.

Sie enthält vierzehnmal so viel Eisen wie Fleisch. Unter ihren Mineralstoffen sind vor allem die Betacarotine und die Linolsäure hervorzuheben. Spirulina ist reich an Vitamin E, Calcium, Phosphor und Magnesium. Sie enthält essenzielle Fettsäuren, die weder in Fleisch, Fisch oder Eiern enthalten sind.

WEIZENGRAS

Bildet Basen wie keine zweite Zutat

Weizengras ist der Star unter den Toppings für jeden grünen Saft, da es eines der effektivsten Basenbildner ist und den pH-Wert des Blutes reguliert. Es enthält viel Chlorophyll und spielt deshalb eine sehr wichtige Rolle für die Zellerneuerung, die Reinigung und die Stärkung des Blutkreislaufes.

Außerdem reinigt Weizengras das Verdauungssystem. Die Studien von Ann Wigmore (Gründerin des Hippocrates Health Institute in den USA) haben gezeigt, dass es dabei helfen kann, Krebs und andere schwere Erkrankungen wie Diabetes zu bekämpfen. Es reinigt den Organismus nicht nur von Giftstoffen, sondern befreit ihn auch von Schwermetallen. Außerdem entgiftet es die Leber.

Weizengras enthält eine hohe Konzentration an Vitamin A, Vitamin C und Mineralstoffen wie Calcium, Kalium, Zink, Magnesium und Eisen.

MACA

Körperliche und geistige Superkraft

Maca liefert sehr viel Vitalität und erhöht die körperliche und geistige Widerstandskraft unseres Organismus, weshalb es besonders für Sportler, aber auch für Kinder und Menschen, die sich nach einer Krankheit geschwächt fühlen, geeignet ist. Es stärkt und reguliert außerdem das Hormonsystem, lindert Beschwerden der Wechseljahre und bringt den Menstruationszyklus ins Gleichgewicht. Es erhöht die Fruchtbarkeit und verstärkt die Libidio und die Sexualfunktion. Sein hoher Eisengehalt mindert die Symptome von Anämie.

Neben sämtlichen essenziellen Aminosäuren enthält es auch viel Vitamin B1, B2, C und E sowie Mineralien wie Calcium, Kalium, Phosphor, Jod und Magnesium.

BLÜTENPOLLEN

Superfood für das Immunsystem

Blütenpollen sind reich an Nährstoffen und ein natürlicher Energiespender, der gleichzeitig das Immunsystem stärkt, vor allem zum Wechsel der Jahreszeiten. Neben ihrer antibakteriellen Wirkung gleichen sie den pH-Wert des Blutes aus und erhöhen den Hämoglobinspiegel, sodass sie außerdem regenerierend auf das Blut wirken.

Blütenpollen sind ein stärkendes Nahrungsmittel, das bei regelmäßigem Verzehr ein Allheilmittel für eine Vielzahl von Störungen ist: Menstruations- oder Menopausenbeschwerden, Verstopfung, Durchfall, Angstzustände, Depressionen, Anämie, Rekonvaleszenz, chronische Müdigkeit, Verdauungsbeschwerden, Rheuma, Entzündungen im Gewebe, Erkältungen, Kraftlosigkeit beim Jahreszeitenwechsel.

Sie enthalten eine Vielzahl von Enzymen und Vitaminen (alle Vitamine der B-Gruppe sowie Vitamin A, D, E und C), außerdem Mineralstoffe, Oligoelemente wie Calcium, Chlor, Kupfer, Eisen, Magnesium, Mangan, Phosphor, Kalium, Silizium, Schwefel und antibiotische Substanzen.

HANFSAMEN

*Ein pflanzlicher
Proteinkick*

Anders, als man vermuten könnte, enthalten Hanfsamen keinerlei psychoaktive Substanzen, sondern sind eine wichtige Quelle pflanzlicher Proteine, die gut assimilierbar, verdaulich und bioverfügbar sind, da sie alle essenziellen Aminosäuren enthalten und im Gegensatz zu Soja nicht aus Genanbau stammen. Wegen ihres hohen Gehaltes an Omega-3- und Omega-6-Fettsäuren sind sie sehr zur Vorbeugung oder Behandlung von Herz-Kreislauf-Erkrankungen zu empfehlen. Sie sorgen außerdem für ein gesundes Immunsystem und sind ein starker Antioxidans.

Sie enthalten eine Vielzahl von Vitaminen: A, C, D, B und E.

An Mineralien sind vor allem Calcium, Phosphor und Eisen hervorzuheben – drei Mineralstoffe, die für ein festes Gewebe und eine starke Knochenstruktur notwendig sind.

CHIASAMEN

Siebenmal mehr Omega-3-Fettsäuren als Lachs

Dem Chiasamen sagt man nach, er enthalte zweimal so viel Protein wie jeder andere Samen und fünfmal so viel Calcium wie Milch. Außerdem enthält er viel Omega-3-Fettsäure, mehr als Lachs oder Leinsamen. Da er das Zehnfache seines Gewichtes an Wasser absorbiert und dabei ein dickes Gel bildet, reduziert er den Appetit und erhöht das Sättigungsgefühl; außerdem verzögert er den Blutzuckeranstieg, weshalb er für Diabetiker sehr wertvoll ist.

Chiasamen sind außerdem reich an Antioxidantien. Sie stärken das Immunsystem und wirken krebshemmend.

Zusätzlich liefern sie Vitamin C und Vitamine der B-Gruppe, vor allem Vitamin B3. An Mineralien sind vor allem hervorzuheben: Kalium, Calcium, Phosphor, Magnesium, Zink, Kupfer und Mangan.

HÄUFIG GESTELLTE FRAGEN

Ist es zu empfehlen, gleich das ganze Gemüse zu waschen, kleinzuschneiden und längere Zeit im Kühlschrank aufzubewahren?

Es ist besser, das Gemüse erst direkt vor Gebrauch zu waschen und zu schneiden. Hartes Gemüse wie Möhren, Gurken oder Rote Bete kann man vorher waschen, mit einem Tuch oder Küchenpapier gut abtrocknen und im Kühlschrank oder im Gemüsekorb aufbewahren. Grünblättriges Gemüse ist empfindlicher; beim Waschen sollte man extrem vorsichtig sein, denn wenn es etwas feucht bleibt, kann es sofort welk oder faulig werden.

Wenn man das Gemüse im Voraus schneidet, fängt es an zu oxidieren. Man weiß nicht genau, wie viele Nährstoffe dadurch verloren gehen, aber auf jeden Fall ist es besser, das Gemüse bis zum letzten Moment ganz zu lassen.

Sollte das Vorbereiten der Zutaten im Voraus jedoch für Sie die einzige Möglichkeit sein, die Säfte in Ihren Alltag zu integrieren, dann tun Sie es!

Ein fertiger Saft hält sich im Kühlschrank bis zu 72 Stunden.

Kann ich den Saft schon am Vorabend zubereiten?

Das ist eine der häufigsten Fragen, die mich erreichen, da viele von uns gegen die Zeit anrennen müssen, sobald morgens der Wecker klingelt. Gelegentlich lässt es sich nicht vermeiden, den Saft am Vorabend oder sogar ein paar Tage früher zuzubereiten, weil es sonst unmöglich ist, ihn in den Ernährungsplan zu integrieren. Es ist jedoch grundsätzlich IMMER besser, ihn direkt nach der Zubereitung zu trinken, da er mit der Zeit an Nährstoffen verliert. Wenn Sie jedoch keine andere Möglichkeit haben, rate ich Folgendes:

1. Benutzen Sie einen Cold-Press-Entsafter, da dieser die Nährstoffe besser konserviert.

2. Enthält der Saft keine Zitrone, fügen Sie ein paar Tropfen Zitronensaft zur Konservierung hinzu.

3. Bewahren Sie den Saft gekühlt und in einem Glasbehälter oder einem lichtundurchlässigen Gefäß auf und nehmen Sie ihn erst unmittelbar vor Gebrauch heraus. Manche umwickeln die Glasbehälter auch noch mit Alufolie.

4. Sorgen Sie dafür, dass das Gefäß randvoll bis zum Deckel mit Saft gefüllt ist. So bleibt keine Luft im Behälter und der Saft oxidiert nicht so stark.

Wann trinkt man den Saft am besten?

Meine Empfehlung lautet, den grünen Saft frühmorgens auf nüchternem Magen zu trinken. Das ist die Zeit, in der Ihr Körper so gut wie möglich hydriert werden muss, nachdem er mehrere Stunden ohne Wasser war, und das Verdauungssystem ist dann sauberer und enthält weniger Barrieren, um ein Maximum der angebotenen Nährstoffe aufzunehmen. Außerdem ermöglicht Ihnen der Saft am Morgen, voller Energie und Optimismus in den Tag zu gehen. Wenn Sie den Saft nicht auf nüchternem Magen trinken können, trinken Sie ihn, wenn der Magen leer ist, da jede andere Nahrung die Aufnahme der Mikronährstoffe und der anderen gesunden Inhaltsstoffe behindert.

Was mache ich mit dem Trester, der beim Entsaften übrig bleibt?

Vielen gefällt die Idee nicht, aus Gemüse und Obst „nur" Säfte herzustellen, weil es schade ist, die beim Entsaften verbleibenden Reste zu verschwenden. Wenn Sie auch zu diesen Menschen gehören, bleibt Ihnen keine Ausrede, denn aus dem Trester lässt sich vieles herstellen. Bevor Sie ihn wegwerfen, ziehen Sie Folgendes in Betracht:

1. Bereiten Sie daraus Snacks, Suppen, Hamburger oder sogar vegane oder Rohkost-Desserts zu. Im Internet finden Sie tausende von Rezepten, die zeigen, was man mit dem Trester der grünen Säfte alles zubereiten kann.

2. Nutzen Sie ihn als Dünger für Ihre Pflanzen oder für den Garten.

Kann ich den grünen Saft einfrieren?

Ja, aber Sie müssen ihn direkt nach der Zubereitung einfrieren, damit er so wenige Nährstoffe wie möglich verliert. Ein eingefrorener Saft hält sich zwischen sieben und zehn Tage. Achten Sie darauf, zwischen dem Deckel des Behälters und dem Saft Platz zu lassen, da der Saft sich beim Gefrieren ausdehnt.

Literatur

Boutenko, Victoria, *Die Vitalrohvolution: 12 Schritte zu lebendiger Nahrung*, Omega 2010 (und weitere Bücher)

Calbom, Cherie & John, *Juicing, Fasting, and Detoxing for Life.* Grand Central Life & Style 2014

Carr, Kris: http://kriscarr.com/blog-video/my-green-juice-toolkitvideo-recipe-infographic-faqs/

Cousens, Gabriel, *Rainbow Green Live-food Cuisine*, North Atlantic Books, 2003 (und weitere Bücher)

Cross, Joe: http://www.rebootwithjoe.com/

Kenny, Matthew, *Everyday Raw Express – Köstliche Rohkost in unter 30 Minuten*, Unimedica 2014 (und weitere Bücher)

Young, Robert, *Die pH-Formel: Für das Säure-Basen-Gleichgewicht*, Goldmann Verlag 2003

Dank

Der kubanische Dichter José Martí sagte: „Drei Dinge sollte jeder Mensch in seinem Leben tun: einen Baum pflanzen, ein Kind zeugen und ein Buch schreiben." Schritt für Schritt fühle ich mich jeden Tag ein wenig vollkommener – und glücklicher darüber, dass ich mich in dem, was mir am meisten am Herzen liegt, weiterentwickle: Gesundheit zu studieren und zu verbreiten.

Es ist mir eine große Ehre und Freude, dieses Buch als mein erstes kleines geschriebenes Werk zu präsentieren. Ich hatte bereits ein Buch im Kopf, als plötzlich die großartige Chance vom Himmel fiel, über eines der Ernährungsthemen zu schreiben, das mich zu meinem jetzigen Lebensstil brachte: die grünen Säfte.

An dieser Stelle möchte ich all denjenigen danken, die mir dies ermöglicht haben, angefangen bei Marta Vergés, meiner Mitarbeiterin, Kollegin, Rohkost-Chefin, Verbündeten im Lachen und im Weinen, meinem Stern und meinem Ein und Alles. Danke! Außerdem danke ich meiner Familie für ihre Unterstützung, die Zeit und die Freude, die sie mit mir teilten. Ich danke Aina Bestard, Designerin und Illustratorin, die mich bei Zahorí de Ideas entdeckte, sowie ihrer Lektorin Marta Lorés. Dank an Ganesha, stets unerschütterlich und an meiner Seite. Und vor allem möchte ich Ihnen danken und der kleinen GROSSEN Gemeinde derer, die meine Arbeit lesen, mir schöne Worte schreiben, mich jeden Tag unterstützen und mich motivieren, dieses Lebensprojekt weiterzuverfolgen.

Namaste!